おもしろサイエンス

疲労と回復の科学

渡辺恭良
水野　敬［著］

B&Tブックス
日刊工業新聞社

はじめに

毎日のように、読者の皆さんの心身に起こっている疲労という現象。休憩することや一晩眠ることで回復する疲労であれば、そんなに問題ではありませんよね。ところが、休んでも取れない疲労や、溜まってくる疲労、なかなか抜けきれない疲労となると、皆さんの仕事や学業などの活動と、活動するやる気・意欲に問題を起こします。私たちは、結構、このような長引く疲労に悩まされているのではないでしょうか？「疲労」がどうして起こるのか、とくに、長引く疲労の状態は、どのように起こるのか、そのメカニズムは最近まで、余り医学のメスが入っていませんでした。研究そのものも十分ではなかったと思われます。なぜ、このような身近な「疲労」を研究していなかったか、という原因を分析すると、「一生懸命活動すると疲れるのは当たり前」、「疲れないヒトはいない」、「疲れても休めば戻る」というような受け身の考え方が主体になっていたような気がします。ただ一方で、過労死は社会問題であり、最近は、「働き方改革」が進められ、「健康経営」という企業のあり方も声高に叫ばれています。

本書にも出てきますが、健康で長生きする「健康寿命の延伸」に向かって、「疲労を軽減し、疲労回復を効率よく行うことで過労防止を図る」ことは、人類の大きな生存戦略の一つと考えられます。私たちみんなが自分の疲労度に意識を向け、科学的に疲労を克服することにより、少子高齢でも活力ある社会が見えてきます。本書では、疲労・慢性疲労の計測法とメカニズムについて読者の皆様と一緒に考え、疲労回復を早め過労を防止する「抗疲労」効果のある製品などについてもその科学的エビデンスとともに調べていきたいと思います。

2018年6月　渡辺　恭良

目次

第1章 疲労と慢性疲労、疾患

第2章 疲労のメカニズムとその計測

第3章 子どもと高齢者の疲労

第4章 疲労回復、過労予防

第1章

疲労と慢性疲労、疾患

1 健康科学と疲労

健康とは

「健康ブーム」や「健康志向」という言葉を耳にするようになって久しいですね。「健康」とは、もちろん、世界保健機関（ＷＨＯ）の定義を待つまでもなく、「心身共に健やかで活気に満ちた状態」を表します。日本ＷＨＯ協会の定義からは次のように記載されています。

“Health is a state of complete physical, mental and social well-being and not merely the absence of disease or infirmity.”

「健康とは、病気でないとか、弱っていないということではなく、肉体的にも、精神的にも、そして社会的にも、すべてが満たされた状態にあることをいいます」（日本ＷＨＯ協会訳）。

また、この憲章の健康定義について、１９９８年に新しい提案がなされました。

“Health is a dynamic state of complete physical, mental, spiritual and social well-being and not merely the absence of disease or infirmity.”

「静的に固定した状態ではないということを示すdynamic は、健康と疾病は別個のものではなく連続したものであるという意味付けから、また、spiritual は、人間の尊厳の確保や生活の質を考えるために必要で本質的なものだという観点から、字句を付加することが提案されたのだと言われています」（日本ＷＨＯ協会）。

健康が損なわれ、様々な疾病に向かって行く時、私たちは、おぼろげな異常を感じて、いわゆる東洋医学（中医学）で言うところの「未病」（まだ病気にはなっ

図1　健康科学とは？　健康と疾病の連続性

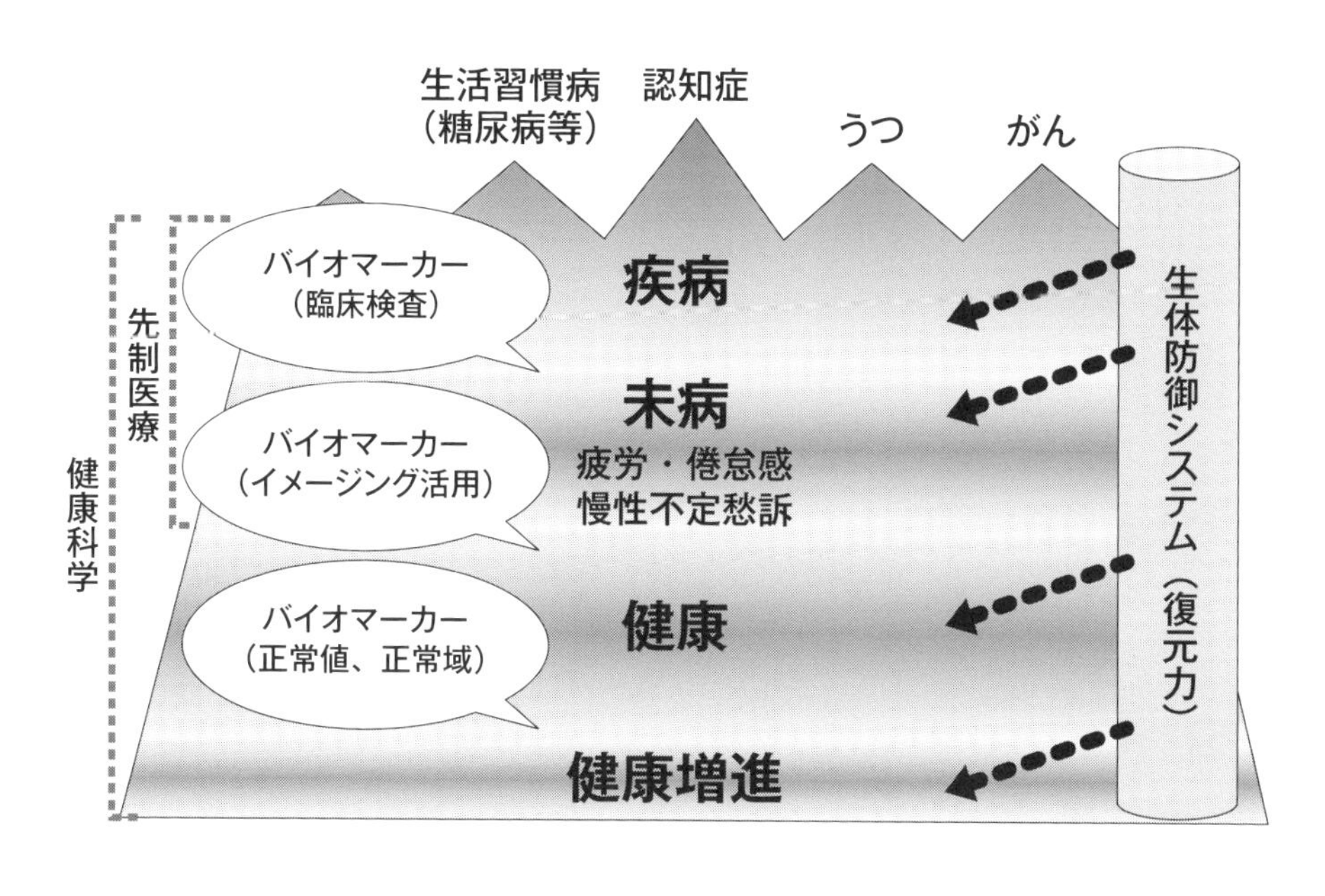

ていないが、かなり病気に近い状態）となります。未病は明確な疾病ではないので、診断の付くような指標、すなわち、疾患バイオマーカー（ある疾患の有無や進行状態を示す目安となる指標。例えば血圧や血中タンパク質など）が有意に出ていない状態であると言えます。むしろ、「未病」は、特に目立った症状が無くても、「元気がない・活力が出ない」状態であると言われてきました。

健康科学

しかし、後ほど述べるように、「元気がない・活力が出ない」あるいは、「意欲が低下している」ことを裏返しにすると、「だるい・疲れを感じている」、ないしは、「もうこれ以上無理ができない」状態とも言えます。実際に、未病状態では、私たちの体の恒常性（ホメオスターシス）を保つ機能である、免疫—神経—内分泌系の調節機能が低下していると考えられています。

このことは、図1に示すように、健康を損なうような自覚症状がある際（未病の際）で、まだ疾病バイオマーカーが有意に検出されない時期に、健康に押し戻す、あるいは、健康である時期に健康増進を図り、未病になることをも予防することが「健康科学」の神髄であると言えます。すなわち、図1により、「健康科学」には、「未病から病気にならないようにする科学」と「健康から未病に陥らないようにする科学」、そして、「健康である状況を増進する科学」を含んだ三つの要素があることになります。

「健康科学」の意味は広く、「先んじた介入により病気にならないようにする『先制医療』」の概念より広いものを指すことになります。

「健康科学」は、一つのブームになっていますが、根拠が定かでないものや、体系立っていないがために、脈絡がわからないものなど、非常に混乱があります。また、多数の大学に健康科学研究科や健康科学専攻がありますが、教育するための良いスタンダードな教科書も十分ではない有様です。私たちは、個々人の「健康の度合い」をしっかり定義づけられ、「個別健康の最大化」を図るための科学・医学を進めるために、「Precision Health」という概念を提唱してきました。

これは、一方でゲノム情報や遺伝子転写物、エピゲノム情報、タンパク質、代謝物、環境因子などのオミックス統合解析を進めている「Precision Medicine」に匹敵する重要なコンセプトです。超健康〜健康〜未病〜疾患の間をシームレスに研究し、健康維持・増進に最適なソリューションを提供するための必須基盤を与える科学です。

2 健康が損なわれそうな自覚症状

自覚症状と原因

では、私たちの健康が損なわれそうな自覚症状には、どのようなものがあるのでしょうか？

表1をみてください。これらを私たちは自覚し、そのうちに慢性化・顕在化し、何らかの病気として発症、発見されるということになります。まさに、physical（身体的）やmental（精神的）な部分ばかりでなく、spiritual（スピリチュアル、霊的、宗教的）な部分の後退が存在することを自覚するのです。

一方、「何故、健康が損なわれる状況になるか」という健康被害の原因・要因は、時代とともに変遷し、そのような原因・要因別の対処が求められています。「個別化医療」と同じく、「健康科学の個別化（Precision Health）」も重要なイノベーション要素なのです。

表2に健康被害の原因・要因を示しました。これらのことにどう対処していくか、すでに、多くの対策が立てられたものも多く、法的・医学的に予防環境が整備されているものもあります。しかし、とくに、spiritualな部分やsocial（社会的）な部分で、どのような対策を講じていけば良いか、まだ、明確な道筋が見えていないものもあります。とくに、私たちに日々荷重が多くなってきているこれまでと質の違ったストレスの増大（グローバル経済連鎖、インターネット環境やコミュニケーションツールの変革など）や、子ども達が受けている受動的な生活環境変化などは、図1のような相互連関をもって、未病から疾患への「負のスパイラル」に、私たちを引き込んでいきます。

この図1の中で、睡眠や痛みについての研究はかなり進み、それぞれのメカニズムや障害のメカニズム、病気との関連についてはかなりの知識が積み上げられてきました。ところが、疲労、とくに、慢性疲労については、客観的なバイオマーカーやそれを用いた計測法がなかったこともあり、医学研究はなかなか進んでいませんでした。

図2は、筆者らの研究結果ですが、小中学生の疲労度合いと学習意欲の低下は、非常にきれいな統計的有意な因果関係があり、3年間の追跡研究（コホート研究）では、疲労の強くなった子どもほど学習意欲の低下が大きく、疲労度が低下した子どもは学習意欲も上昇していました。また、疲労と関わる大きな要因は、睡眠時間、就寝時刻、朝食、テレビやゲームの時間、周囲からの注目・賞賛などであり、十分、社会的・家庭的に介入できるものでした。

表1　健康が損なわれそうな自覚症状

1	痛み（急性、遷延性、周期性、慢性）
2	肩こり、腰痛、眼精疲労
3	疲れ・だるさ（急性、遷延性、周期性、慢性）
4	睡眠不足、昼間の眠気
5	意欲（食欲・性欲等も）の低下、抑うつ傾向、不安
6	活動量の低下、作業能率の低下
7	集中力・注意力・思考力・認知機能の低下
8	微熱・発熱、局所炎症
9	便通異常
10	その他

表2　健康被害の原因・要因

1	低栄養（ビタミン、微量元素、必須アミノ酸、不飽和脂肪酸等）
2	公害・環境
3	薬物、食品添加物・混入物（化学製品）
4	飽食、肥満
5	無理なダイエット
6	日常生活の多忙、慌ただしさ
7	グローバリゼーション
8	6や7による睡眠不足・リズム障害
9	独居、コミュニケーション不足、笑いの欠如
10	その他

図1　健康が損なわれる事象間の相互関連と発症頻度増加への影響

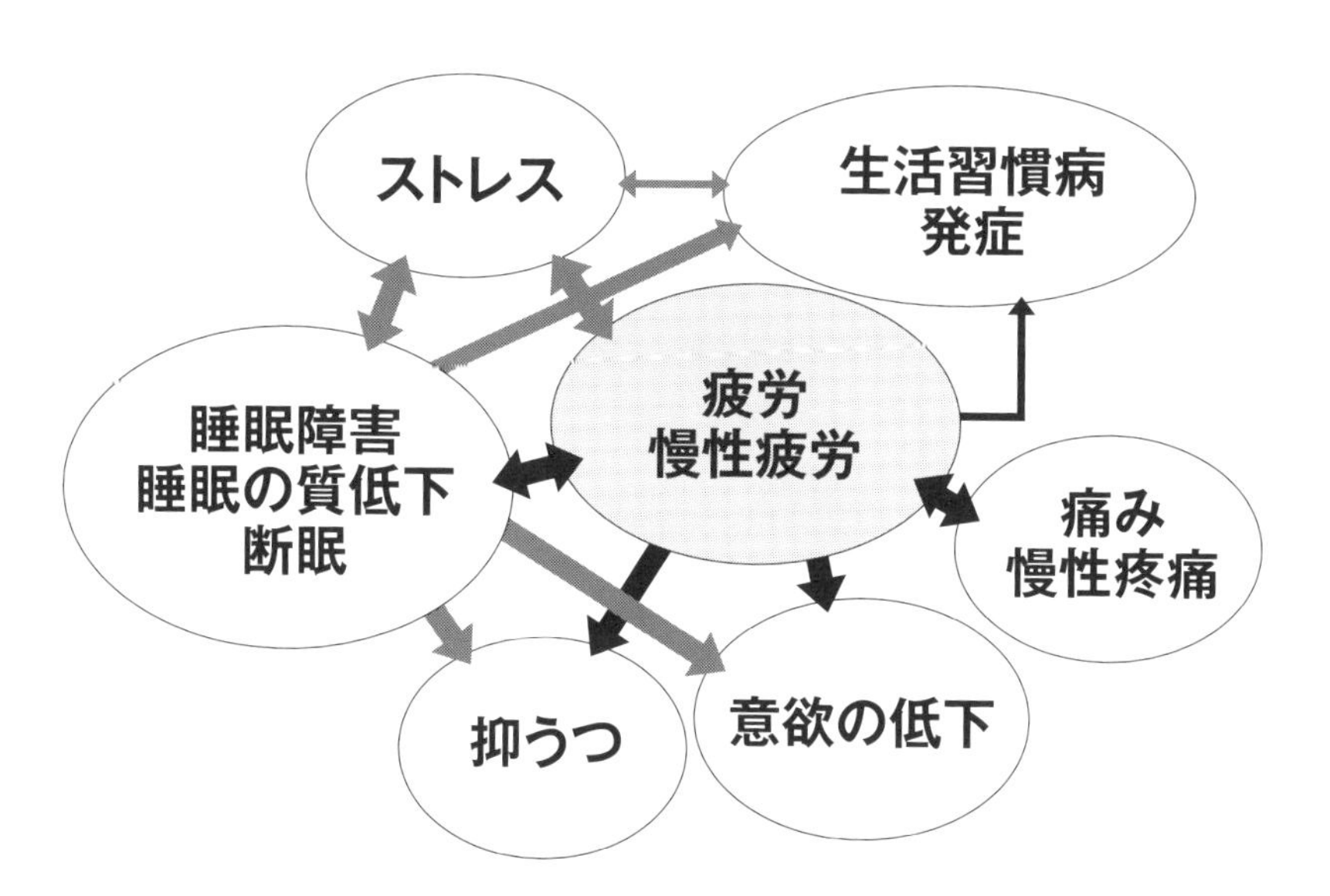

図2　学習意欲と疲労の関係

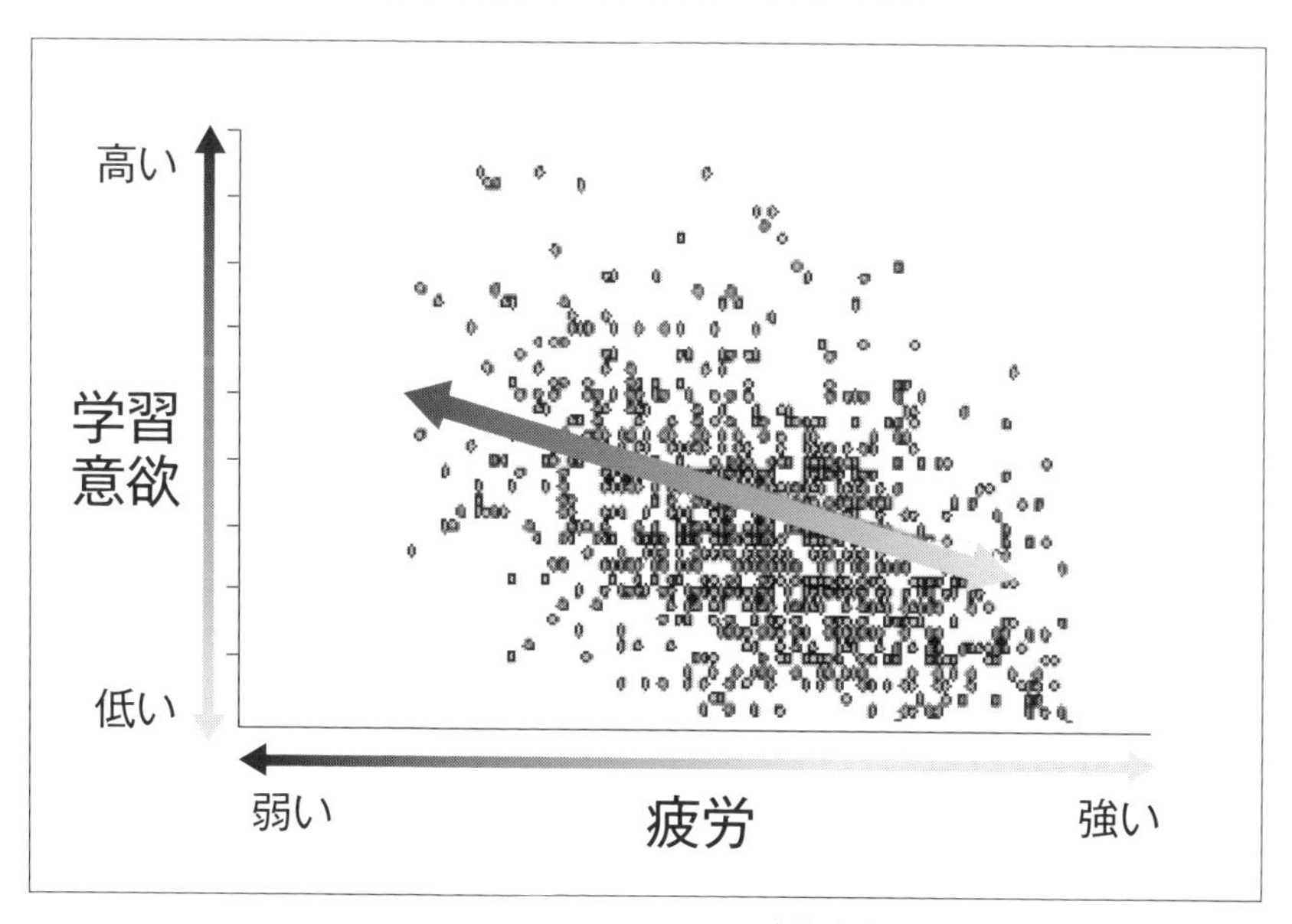

小学4年生～中学3年生　約2,000名のデータ

3 疲労とは？ 生体アラーム装置

三大生体アラーム

疲労は、私たちに休息の必要性を知らしめ、過剰活動により疲弊してしまうのを防御するための重要な生体警報（アラーム）の一つです。筆者は、「痛み」、「発熱」、「疲労」を三大生体アラーム機構と位置づけていますが、痛み、発熱の原因物質や神経活動の動態機序（分子神経メカニズム）がかなり解明されているのに対し、疲労の分子神経メカニズムに関しては、筆者らが本格的な研究に取り組む以前は、ほとんど断片的な研究しかありませんでした。

１９８０年代から日本体力医学会と連携して活躍していた「疲労研究会」は、登山やスポーツのトレーニングに関する事象を中心に扱い、また、日本産業衛生学会に属する「産業疲労研究会」は、おもに産業疲労に関する労働環境や労働衛生といった観点で研究をしていましたが、人体の機能、とくに、脳機能等に直接迫る研究はほとんどありませんでした。

一方、ストレス、睡眠、未病、抗加齢、介護・健康作りなどは、学会を組織し、それぞれ研究を進めてきましたが、「疲労」に関わる研究は、決して中心課題ではありませんでした。「疲労」は、医学・医療にとって重要な研究対象であったのですが、「一生懸命活動すれば疲れるのは当たり前」、「病気になればつらいのは当たり前」という観念や諦念によって、「医学・医療の忘れ物」になってきたのです。

疲労の定義

２００５年に筆者らが中心となって設立した「日本疲労学会」（http://www.hirougakkai.com/）では、『疲

三大生体アラーム

様々な部位に感じる「痛み」
身体が発する危険信号

ウイルスや細菌などの
侵入に対する警告

作業能率の低下状態

労とは過度の肉体的および精神的活動、または疾病によって生じた独特の不快感と休養の願望を伴う身体の活動能力の減退状態である。疲労は「疲労」と「疲労感」とに区別して用いられることがあり、「疲労」は心身への過負荷により生じた活動能力の低下を言い、「疲労感」は疲労が存在することを自覚する感覚で、多くの場合不快感と活動意欲の低下が認められる。様々な疾病の際にみられる全身倦怠感、だるさ、脱力感は「疲労感」とほぼ同義に用いられている』（2010年日本疲労学会定義委員会）としています。

研究の上では、「過度の肉体的および精神的活動によって生じる作業能率や作業効率が統計的有意に低下した状態」を疲労と定義しています。これは、このように定義すれば、疲労が客観的に計測できることになるからです。疲労は、ストレスが重なって起こる作業能率低下状態であり、ストレスが起因で疲労はその結果の一つの状態です。

また、医療の世界では、疲労は未病の最たるものと考えられ、回復しない疲労は、様々な疾病へと移行する原因（予知因子）と捉えています。また一方、多数の病気による全身倦怠感は、症候学（様々な訴えや診察所見を統合し医学的な意味づけを行う）では大きな要素で、一般病院などのプライマリーケア（総合診療）を来訪する患者の2番目に多い主訴（1番の「痛み」とは僅差）であるので、これを医学的に解明し何らかの医療的措置を施すことは非常に重要なことです。

ただ、疲労の研究は、読者の皆さんも簡単に理解されるように、精神的・肉体的な複合原因で起こっています。この解明には、様々なモデルシステムを統合的に研究する必要があり、筆者ら研究者・医学者は、これまで、動物モデルにしても、運動性疲労、感染性（免疫性）疲労、精神性（パニック）疲労、日焼け・暑熱疲労、断眠過労死など複数のモデルにおける自らの意志による活動の量、つまり「自発活動量低下」指標を中心に疲労を評価し、その中で、変化する多数の共通因子を見出す戦略で研究を行ってきました。

慢性疲労症候群

共同研究者の倉恒先生・木谷先生らにより、1990年に日本で初めての慢性疲労症候群（Chronic Fatigue Syndrome、以下、CFSと記載、第⑩項参照）患者が大阪大学医学部微生物病研究所附属病院で発見、診断を受けました。その後、1992年から、筆者らは、CFS患者さんたちの脳内異常を検討するために、当時、スウェーデンと国際共同研究を進めることに決定していたポジトロンエミッショントモグラフィー（PET）研究の枠組みの中で疲労の脳科学研究を開始しました。ここからの研究経過の詳細は後段に記しますが、CFSのような病的疲労の研究を進めていくと、私たちの生理的疲労のメカニズムについても、当時は何もわかっていないことに気づいたのです。

そこで、筆者らは疲労の研究、とくに、疲労の脳科学、神経―免疫―内分泌相関研究に歩を進め、1999年から6年間の文部科学省科学技術振興調整費による生活者ニーズ対応研究「疲労および疲労感の分子・神経メカニズムとその防御に関する研究」（平成11-16年度）、日本学術振興会21世紀COEプログラム「疲労克服研究教育拠点の形成」（平成16-20年度）、科学技術振興機構・社会技術研究『脳科学と教育』公募研究「非侵襲的脳機能計測を用いた意欲の脳内機序と学習効率に関するコホート研究」（平成16−21年度）において、いずれの研究も筆者渡辺恭良を研究代表者として、脳機能・形態・分子イメージング・バイオマーカー・コホート研究より疲労倦怠・意欲低下の分子・脳病態解明につながる多くの研究成果を挙げてきました。これらの研究では、国内外の30にも及ぶ大学・研究機関との共同研究を推進し、3回にわたる国際疲労科学学会の主催や2005年の日本疲労学会の設立などを行いました。

これまでにわかってきたこと

これらの研究の中で特に、①疲労の分子神経メカニズムの統合的解明に道筋を与えてきたこと、②様々な要因による疲労のバイオマーカーを抽出し疲労の客観的計測を進めてきたこと、③慢性疲労症候群、人工透析患者などの疲労倦怠の臨床研究を進める疲労クリニカルセンターや疲労計測ラボを設けて疲労臨床の推進に努めてきたこと、④これらの環境を最大限に利用し、抗疲労・癒し医薬品・食品・生活用品・生活空間環境開発プロジェクトを立ち上げ推進してきたこと、⑤子供の慢性疲労と学習意欲のコホート研究により学習意欲低下児の生活改善・教育向上の糸口を見いだしたこと、が大きな成果として反響を呼び、国内外で大きな社会的・経済的影響を与えています。

本書では、そのような研究の進み具合や、これまでにわかってきたこと、また、「抗疲労」という言葉に込められた疲労回復促進・過労予防に役立つ工夫や製品を「おもしろサイエンス」として、紹介したいと思います。

一口メモ

疲労克服社会を創るためには、疲労のメカニズム研究だけでなく、予防・回復のための抗疲労研究も必要!

4 疲労の語源、各国の言葉から想定すること

「疲」成り立ち

疲労という語源は、中国の漢字から由来しています。「疲」という漢字の成り立ちを下記に引用します。

『形声文字です（疒＋皮）。「人が病気で寝台にもたれる」象形と「獣の皮を手ではぎとる象形」（「皮」の意味だが、ここでは、「跛（ヒ）」に通じ（同じ読みを持つ「跛」と同じ意味を持つようになって）、「片足を引いて歩く」、「つかれる」の意味）から、「つかれて片足を引いて歩く」、「つかれる」を意味する「疲」という漢字が成り立ちました』（「漢字・漢和辞典―OK辞典」より）。

「疲れる」は、「憑かれる」から来た説や、日本書記では「飢える」という意味であるという記述があります。何者かに憑かれることから身体が重くなる、脳の回転が鈍くなる、ということかもしれません。また、エネルギー不足で修復や回復の機転が動かないことはまさしく疲労の一端でもあります。外国語も総じて、疲労の持つネガティブな部分と、「疲れ」の必然的理由が仕事や努力にあることから、その努力をねぎらう・励ます表現で構成されていることもあります。まさに、「疲労」の「労」は、労る気持ちを表しています。

蛇足ですが、「疲労」をフリー百科事典「ウィキペディア」で皆さんが調べると、全般的に、筆者らの表現や研究成果が掲載されています。疲労を生体三大アラームと言ったのは、筆者の渡辺恭良で、これは、1999年から始めた文部科学省科学技術振興調整費による「疲労と疲労感の分子・神経メカニズムとその防

図1　疲れという言葉を考えてみる

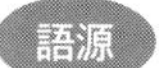

お役目後苦労
（江戸時代ころからの言葉？）
憑かれる→
疲れるに転じたとの説
飢えるの意味（日本書紀）

スゴハセヨ（韓国語）
（頑張って下さい）

スゴハショッスムニダ
（韓国語）
（後苦労なさいました）

疲労・疲れ
Fatigue,Exhaustion（英語）
Mude,mudigkeit（ドイツ語）
cansado/-a（スペイン語）
ピゴネヨ（韓国語）

図2　疲れという漢字を考えてみる

痘　疝
癪
疸　症

御に関する研究」班のホームページでわかりやすいように表現したことがきっかけです。もちろん、疲労のメカニズムや予防法、乳酸が疲労の原因物質でないことなども、この研究期間に明らかにしたことです。

5 疲労の統計、国内外

多くの人が疲労で悩んでいる

1985年に総理府が行った健康に関する国民意識調査では、疲労感を認めた人は全体の66%で、そのうち72%が「一晩の睡眠で疲労感は回復する」と答えており、6ヶ月以上にもわたって疲労が続く状態（慢性疲労）は希少だと思われていました。ところが、2004年に筆者らが主催した文部科学省の疲労研究班が大阪地区で行った疫学調査（2742人回答）では、疲労感を自覚している人の割合は56%で、そのうちの半数を超える人（全体の39%）が半年以上続く慢性疲労に悩んでいることが明らかになりました。

2012年の愛知県豊川保健所の調査でも同様の結果となりました。これは、日本の就労人口約8千万人に対し、実に3千万人を超える人々が半年以上疲労感に悩んでいることになります。また、慢性疲労に悩んでいる人の半数が、疲労のために以前に比べ作業能力が低下し、十分に活動できていないと感じています。

国外での疲労統計結果としては、イギリスでは9～15%、ノルウェーでは6～13%、アメリカでは4～19%、オランダでは31%、韓国では8～29%、中国では6～11%の人が慢性疲労状態にあると報告されています。これらの国外の結果と比較しても、日本では慢性疲労者がいかに多いかがわかると思います。このような背景からも、日本では疲労克服社会を創るための研究が先駆的に進められており、日本の疲労科学研究は世界の最先端を走っているといっても過言ではありません。

図1 わが国の疲労の統計

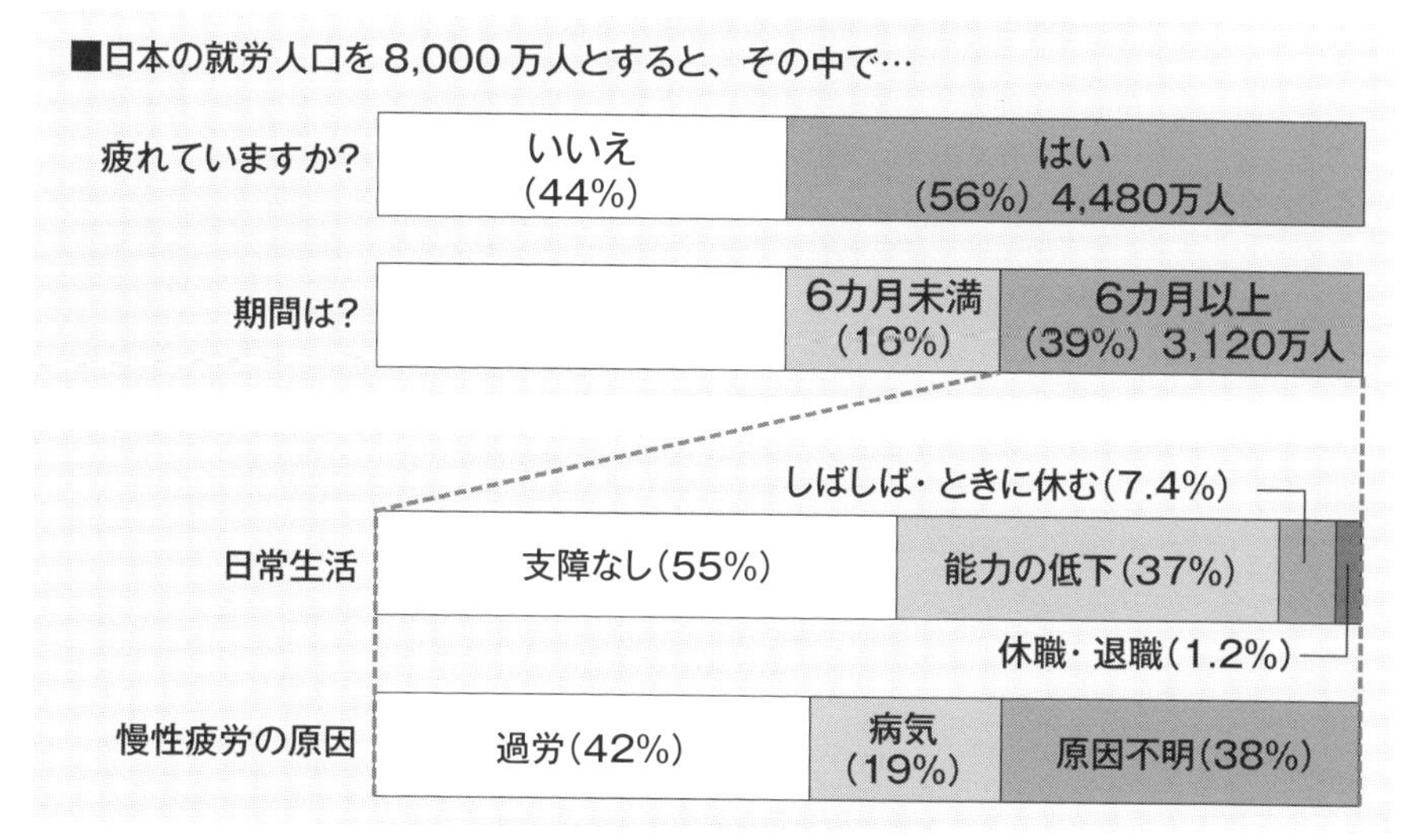

2004年文部科学省疲労研究班による調査結果(大阪地区、2,742人回答)

図2 愛知県豊川保健所の疲労調査

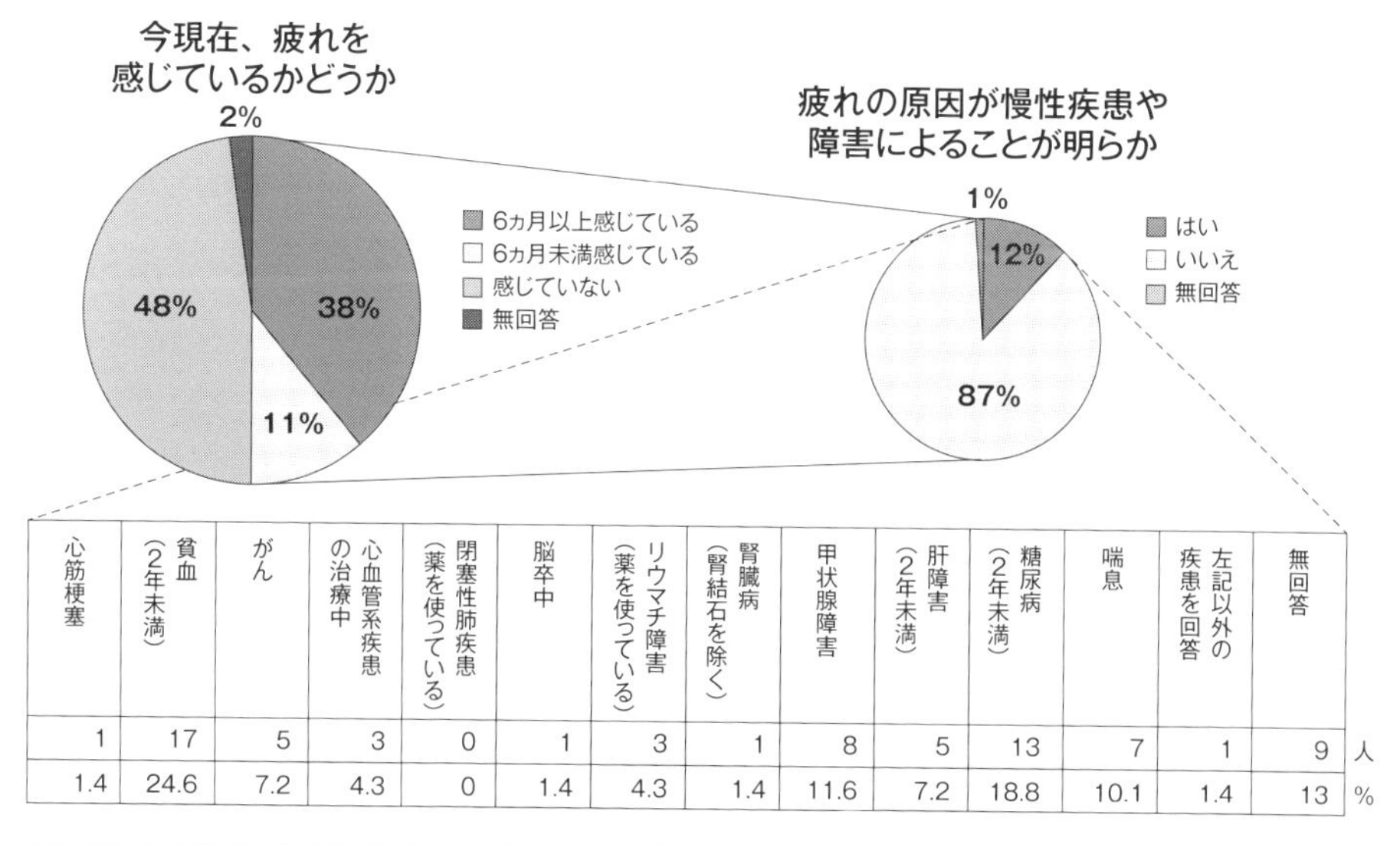

心筋梗塞	貧血(2年未満)	がん	心血管系疾患の治療中	閉塞性肺疾患(薬を使っている)	脳卒中	リウマチ障害(薬を使っている)	腎臓病(腎結石を除く)	甲状腺障害	肝障害(2年未満)	糖尿病(2年未満)	喘息	左記以外の疾患を回答	無回答	
1	17	5	3	0	1	3	1	8	5	13	7	1	9	人
1.4	24.6	7.2	4.3	0	1.4	4.3	1.4	11.6	7.2	18.8	10.1	1.4	13	%

2012年厚生労働省慢性疲労症候群研究班による研究報告書(豊川保健所管内、1149人回答)

6 疲労による経済損失

健康科学をイノベーションに

慢性疲労に悩んでいる人の半数が、疲労のために以前に比べ作業能力が低下し、十分に活動できていないと感じています。このような慢性疲労等による経済的損失を試算すると、医療費以外で年間1・2兆円と膨大な額にのぼり、国民の疲労が国家レベルでの生産性にダメージを及ぼしかねない状況にあることが推測されます。

一方、健康科学をイノベーションにつなげるには、具体的に何を軸足にしていき、どのような経済価値を産み出すことを狙ったらいいのでしょうか？

特に、我が国の科学技術の先進性を活かし、世界をリードして健康科学をきちんとしたサイエンスとして進め、また、健康科学イノベーションに直裁に繋げていくには、日本が強いものを持ってこなければいけません。そのような観点からは、欧米の受け売りではなく、本当の意味でのオリジナリティのある研究を軸足にすべきです。そういう意味で、筆者は手前味噌でありますが、「疲労（慢性疲労）克服」を健康科学イノベーションの軸足と位置づけています。

大阪産業創造館が三菱ＵＦＪリサーチ＆コンサルティングに委託した調査によれば、２０２０年度には、「抗疲労・癒しビジネス市場」は、我が国で、12兆円／年になる予測です。世界市場を考えると、多分、我が国の年度予算程度の市場規模になります。このチャンスを逃さず、日本企業の巧みなものづくり・ことづくりの才能を十二分に発揮することが科学技術立国日本として重要なことです。

表１　疲労は疾病の予測因子？

乳がん患者で術後、疲労度の高い患者の方が再発率が高い
(Groenvold,et al., 2007)

高齢者で疲労していると答える人の方が、その後の余命が短い
(Hardy & Studenski, 2008)

勤労者で疲労を訴える人は、その後の欠勤率やうつ病発生率が高い
(Janssen,et al., 2003)

疲労がその後予後不良や、パフォーマンスの低下、疾病発症を予測するという報告が見られる

表２　抗疲労・癒し市場の拡大予測

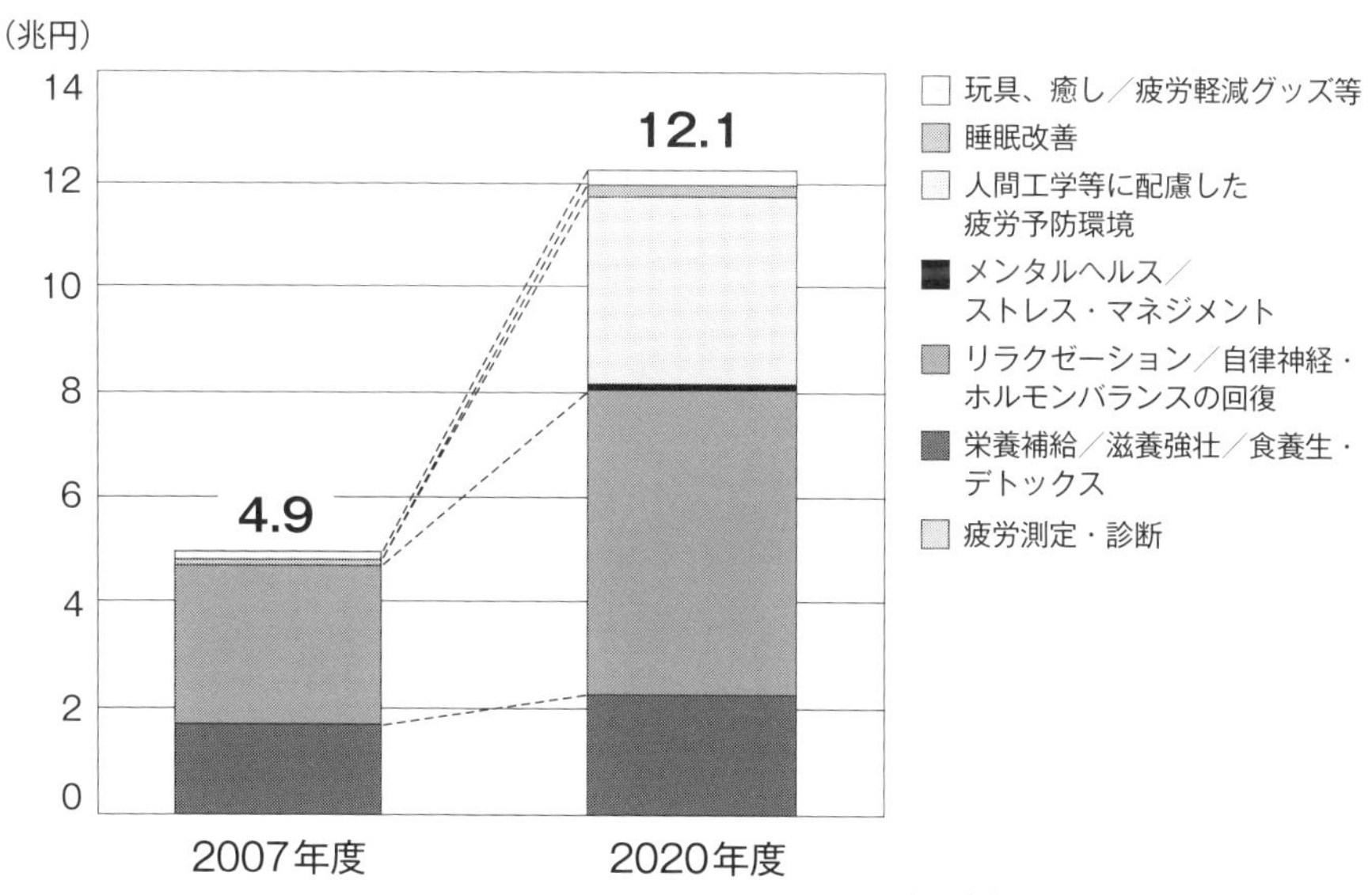

大阪産業創造館・三菱UFJR&C推計

7 疲労の種類、原因別疲労

様々な疲労の種類

疲労には、身体の部位により全身疲労と局所疲労があり、また身体的活動や精神的活動などの成因により肉体疲労と精神疲労に大別できますが、私たちが感じる疲労のほとんどは両者の複合型と言えます。例えば、マラソンのような肉体運動であっても、単なる肉体疲労だけでなく精神疲労を感じるということもよくあることです。つまり、肉体を動かすには脳の運動指令系も活躍し実際の運動のシミュレーション、準備（アイドリング）、筋肉の動かし方のプログラム、すべてに脳が働いて疲弊するのです。また、疲労は脳で感じるものであるため、肉体活動が肉体疲労のみを引き起こすとは限らないのです。

ただ、一方で、思い悩むことがあったり、創造や芸術のために、脳の力、精神力を最大限に集中し、これに挑むと精神的疲労をきたします。この場合、肉体的にも影響はありますが、決して肉体の活動による疲労ではないため、かなり純粋な精神疲労と言えます。

一方、疲労は継続時間により急性疲労と慢性疲労に大きく分けることができます。日常の仕事やスポーツなどによる疲労は、休息や睡眠をとることで改善され、ときには適度の疲労感が爽快感をもたらすこともあります。こうした日常生活で繰り返される一過性の疲労は、急性疲労と呼ぶことができます。とどのつまり、休息や睡眠では改善されず、長期間にわたり爽快感とは対極にある倦怠感や不快感を伴うものが慢性疲労で、このような疲労には何らかの処置が必要とされます。

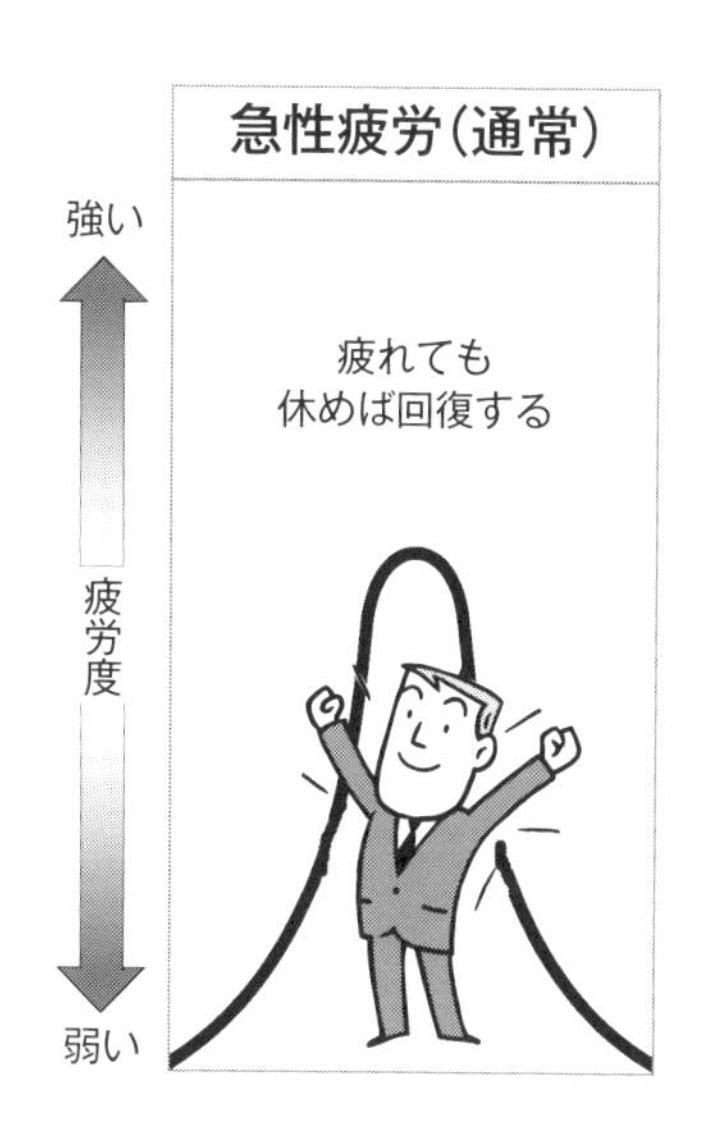

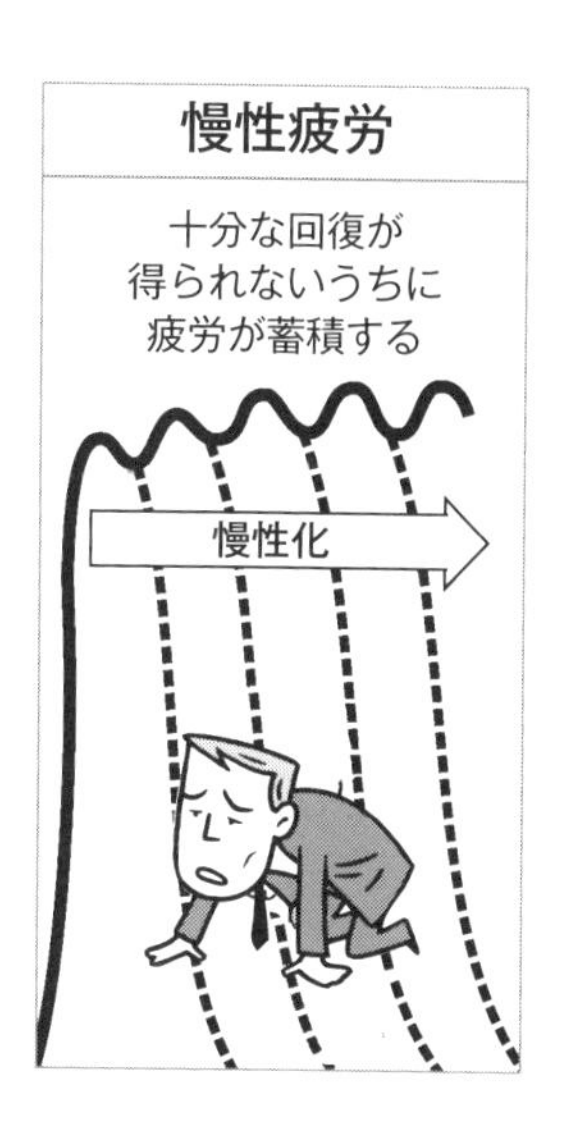

回復しない疲労

疲労には、肉体疲労と精神疲労があることは説明しましたが、肉体疲労の回復には休息や睡眠が、精神疲労の回復にはリラクゼーションや気分転換が効果的です。このような形で回復できるものは「生理的な疲労」と言えるでしょう。

しかし、そのように休息をとっても回復しない疲労（病的な疲労）があります。それは病気による疲労で、例えば、がん（悪性腫瘍）による疲労は、がん自体の影響（貧血、代謝障害、ホルモン欠乏、呼吸機能障害、感染）の他に、抗がん治療の影響として出現したり、がんに伴う精神障害（うつ病、睡眠障害）の症状として出現したりすることもあります。

その他、肝炎、結核、ＡＩＤＳ、脳血管障害、ＣＯＰＤ（慢性閉塞性肺疾患）、内分泌疾患、膠原病、うつ病、睡眠障害など、疲労や倦怠感を伴う疾患は数えきれません。このような病気によって引き起こされる疲労は、原因となる疾患の治癒が回復の重要な要素になります。

8 疲労・ストレス・睡眠・痛みと病気との関連

ストレス評価尺度から疲労を測る

疲労をストレスという尺度から評価する方法として、米国の心理学者T.H.ホームズらが開発した「社会的再適応評価尺度」（Social Readjustment Rating Scale：SRRS）があります。これは、「結婚」、「配偶者の死」、「退職」など、人生において遭遇する重大な出来事や生活の変化、いわゆる「人生の出来事」型ストレスを43項目取りあげ、その出来事によって受けるストレスの重みに応じて点数化「重みづけ得点」したものです。各項目を自身に当てはめてチェックし、該当項目の点数を合計することで自分のストレスの度合いを評価します。

米国の研究では、過去1年以内に体験した出来事の合計点数が150点以上の場合、翌年に何らかの健康障害を生じる危険性が約50%、300点以上の場合は90%以上とされています。

CFS患者のストレス評価結果

大阪大学医学部附属病院に通院していたCFS患者71人と健常者223人を対象に、SRRSを用いて「人生の出来事型」ストレスを評価したところ、健常者が平均112・3点であるのに対し、CFS患者では発症時平均223点と、より大きなストレスを抱えていたことがわかりました。

また、ストレスの影響を評価する場合、受けている絶対的なストレスの質と量（程度）だけでなく、いかにストレスを処理できているかも極めて重要な問題となります。このストレス処理は「ストレス・コーピング」と呼ばれますが、CFS患者はストレス・コーピ

「人生の出来事型」ストレスの例

ングが健常者に比べ劣っていることがわかっています。つまりCFS患者は、ストレスを発散したり忘れたりしにくい状態にあると言えるのです。

社会的再適応評価尺度（Holmes & Rahe, 1967）

配偶者の死	100	経済状態の悪化	38	労働条件の変化	20
離婚	73	親友の死	37	住居の変化	20
配偶者との離別	65	仕事の変更	36	転校	20
拘禁や刑務所入り	63	配偶者との喧嘩の数	35	気晴らしの変化	19
家族の死	63	1万ドル以上の借金（抵当）	31	宗教活動の変化	19
自分のけがや病気	53	借金やローンの抵当流れ	30	社会活動の変化	18
結婚	50	職場での責任の変化	29	1万ドル以下の借金	17
失業・解雇	47	息子や娘が家を出る	29	睡眠習慣の変化	16
婚姻上の和解	45	親戚とのトラブル	29	同居家族数の変化	15
退職	45	自分の特別な成功	29	食習慣の変化	15
家族の健康上の変化	44	妻が働き始める、辞める	26	休暇	13
妊娠	40	入学・卒業	26	クリスマス	12
性的な障害	39	生活条件の変化	25	軽微な法律違反	11
新しい家族ができる	39	習慣の変更	24		
ビジネスの再調整	39	上役とのトラブル	23		

社会的再適応評価尺度（重みづけ得点）による評価

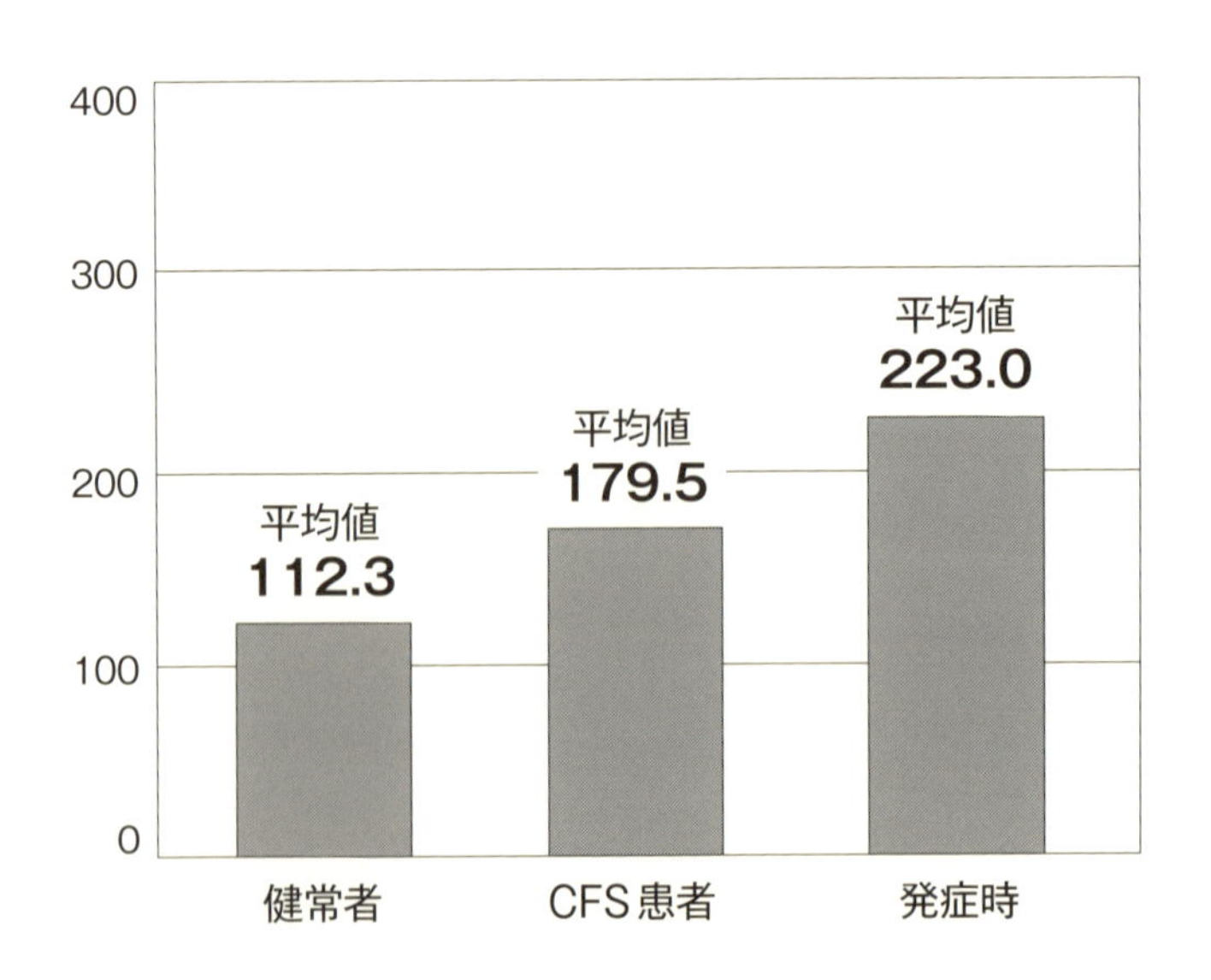

9 疲労から慢性疲労へ

6ヶ月以上継続

疲労が慢性化することを慢性疲労と言います。成人の慢性疲労の国際的な定義は、疲労が6ヶ月以上継続することです。もちろんその6ヶ月の間、少し良くなったり、また、悪くなったりしますが、総じて半分以上の日数でかなりはっきりと自覚できる疲労・疲労感があることが慢性疲労です。通常の頭脳労働も含めた労働や精神活動によって生じる疲労が十分回復できずに疲労が重積し、ある時期から回復が図れないような状態です。

メカニズム

ここには、疲労と回復のメカニズム以外に、何かで閉ざされているメカニズムがあると思われます。一つは、酸化し傷ついた細胞の中の重要な部品（タンパク質や細胞膜、小器官など）を修復したり新しい部品を作って交換したりするために必須な「修復エネルギー」の低下がそのメカニズムとして考えられます。

この慢性化メカニズムは、過労・過労死のメカニズムと共通したものと、また、何かで閉ざされて鍵がかかっているような、過労とは異なったメカニズムがあると考えられます。次項からのように、私たちが慢性疲労症候群の患者さん達の病態を研究しているのは、患者さん達を救いたいという気持ちの中で、この睡眠障害や慢性疲労から抜けきれない状況のメカニズムに治療の大きなヒントが隠されていると信じているからです。

この項の図のように、慢性疲労から抜けることができない、睡眠障害から抜けることができない、このことは、とくに、自律神経系のうち、副交感神経神経系

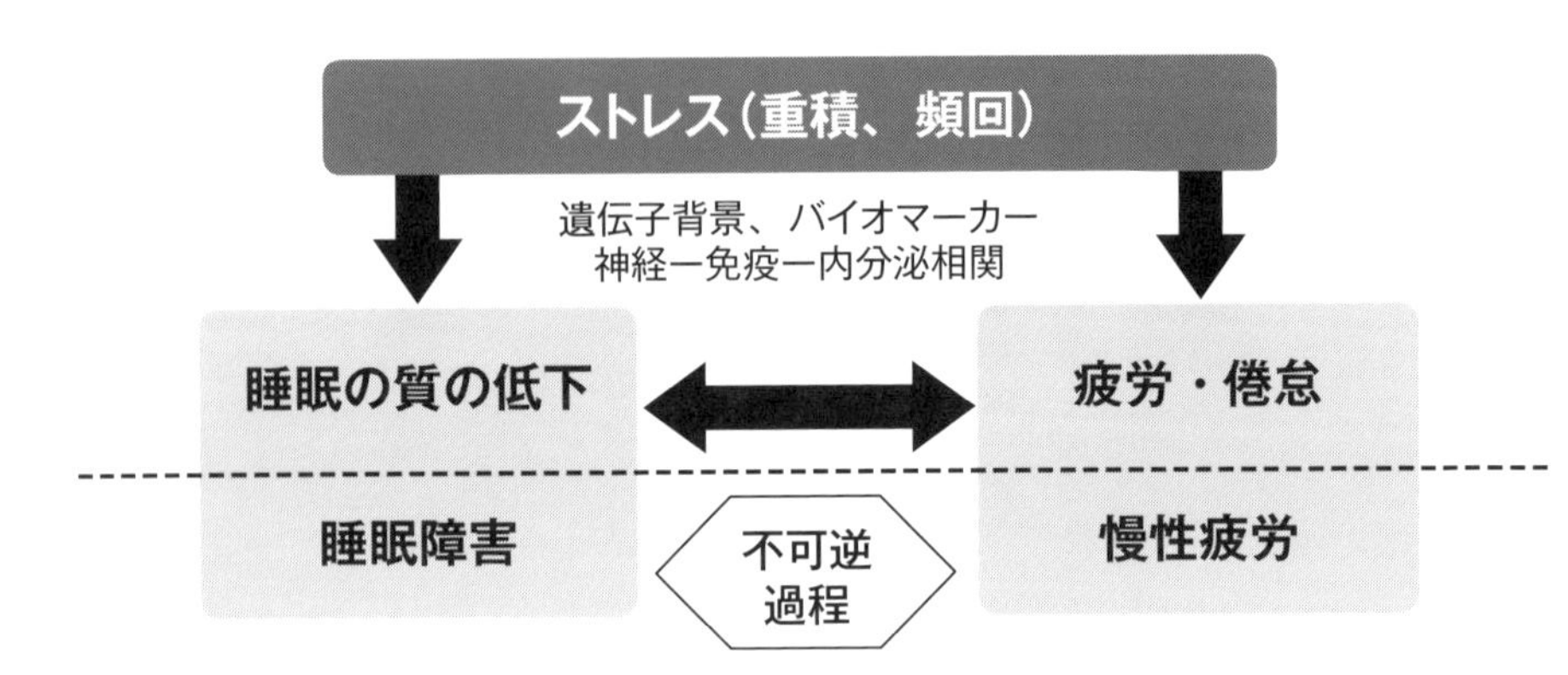

の機能低下が解消できないことを表しています。副交感神経系のパワーが落ちることは、一方では、老化によるものがあります。老化も進行する老化のメカニズムはかなり解明されてきたものの、では、どのようにしたら老化を食い止めることができるか、という科学はまだまだ五里霧中です。

いくつかの生物現象の中で、何らかの変化が固定される分子変化が知られています。一つは、複数の分子の間のシグナルのやりとりが固定される現象、たとえば、新しい分子ネットワークが構築されるような場合です。それまでになかった情報経路が定型化するようなものです。同じ刺激が入って来ると、それまでになかった同じ情報経路が必ず働くものです。また、そのような新規分子ネットワークが確固たる配線構造として構成される場合もあります。これは、神経細胞のネットワークなどで特有の配線が構築されるようなものです。うつ病のメカニズムでもこれと類似した考えがあります。たとえば、記憶の固定化のメカニズムについては、細胞の特定などが行われ、どの細胞が記憶の固定化を担うかなどの研究が進んでいます。

10 慢性疲労症候群から筋痛性脳脊髄炎／慢性疲労症候群へ

慢性疲労症候群って何？

慢性疲労症候群（ＣＦＳ：Chronic Fatigue Syndrome）とは、これまで健康に生活していた人が、社会的・物理的・化学的・生物学的ストレスがきっかけとなり、ある日突然原因不明の激しい全身倦怠感に襲われ、それ以降強度の疲労感とともに、微熱、頭痛、脱力感、筋肉痛、思考力の低下、抑うつ状態などの精神神経症状などが長期にわたって続き、健全な社会生活が送れなくなるという疾患です。日本での統計では、0・26％の有病率（人口10万人当たり２６０人、日本で約30万人の患者と計算できる）で、これは、米国などの有病率と変わりません。ただこの病気の診断基準がかなり厳しいものであるため、約10倍の同じような症状の患者がいると筆者らは考えています（日本で約３００万人ということになります）。

ＣＦＳは、１９８８年に米国疾病対策センター（ＣＤＣ：Centers for Disease Control and Prevention）により提唱された比較的新しい疾患概念で、同年ＣＤＣにより診断基準が出され、１９９４年にその改訂版が発表されました。近年は基礎的なエビデンスが確立されてきており、〝病態解明のための診断基準〟から厳しい慢性疲労病態に悩む患者に対応できる〝臨床のための診断基準〟へという変革が世界的に進められています。日本においても２００８年、日本疲労学会において新たなＣＦＳ診断基準が発表されました（次ページ表参照）。

さらに最近になり、２０１５年2月、全米アカデミーの一つである米国医学研究所（ＩＯＭ：Institute of Medicine of the National Academies）より、慢性疲

日本疲労学会による新たな慢性疲労症候群診断指針（2008年2月）

これは6カ月以上持続する原因不明の全身倦怠感を訴える患者に対する診断への指針である（以下、持続する全身倦怠感を慢性疲労と称する）。以下の前提に従って、臨床症候を十分吟味検討する。

前提 I.

1. 疲労の原因となりうる器質的疾患・病態（別表1）がないかどうかを判断する。
2. A）下記疾患に関しては当該疾患が改善され、慢性疲労との因果関係が明確になるまで、CFSの診断を保留して経過を十分観察する。
   1）治療薬長期服用者（抗アレルギー剤、降圧薬、睡眠薬など）
   2）肥満（BMI>40）
   B）下記の疾患については併存疾患として取り扱う
   1）気分障害（双極性障害、精神病性うつ病を除く）、身体表現性障害、不安障害
3. 一般尿検査、一般生化学・血算、ECG、胸部単純X線（別表2）を基本的検査として行い、器質的疾患を除外する。

前提 II.

以上の検索によっても慢性疲労の原因が不明で、しかも下記の4項目を満たす。
1）この全身倦怠感は新しく発症したものであり、急激に始まった。
2）十分な休養を取っても回復しない。
3）現在行っている仕事や生活習慣のせいではない。
4）日常の生活活動が発症前に比べて50%以下となっている。あるいは疲労感のため、月に数日は社会生活や仕事ができず休んでいる。

前提 III.

以下の自覚症状と他覚的所見10項目のうち5項目以上を認めるとき。
1）労作後疲労感（労作後休んでも24時間以上続く）
2）筋肉痛
3）多発性関節痛（腫脹はない）
4）頭痛
5）咽頭痛
6）睡眠障害（不眠、過眠、睡眠相遅延）
7）思考力・集中力低下
※以下の他覚的所見は、医師が少なくとも1ヶ月以上の間隔をおいて2回認めること。
8）微熱
9）頸部リンパ節腫脹（明らかに病的腫脹と考えられる場合）
10）筋力低下

◎前提I、II、IIIすべてを満たしたときに、臨床症候からCFSと診断する。
◎前提I、II、IIIすべてを満たすわけではないか、原因不明の疲労病態がある場合、持続性慢性疲労（idiopathic chronic fatigue:ICF）と診断し、経過観察する。

別表1 CFSから除外されるおもな器質的疾患・病態

(1)臓器不全(例：肺気腫、肝硬変、心不全、慢性腎不全など)
(2)慢性感染症(例：AIDS、B型肝炎、C型肝炎など)
(3)リウマチ性、および慢性炎症性疾患(例：SLE、RA、Sjögren症候群、炎症性腸疾患、慢性膵炎など)
(4)おもな神経系疾患(例：多発性硬化症、神経筋疾患、てんかん、あるいは疲労感を引き起こすような薬剤を持続的に服用する疾患、後遺症をもつ頭部外傷など)
(5)系統的治療を必要とする疾患(例：臓器・骨髄移植、がん化学療法、脳・胸部・腹部・骨盤への放射線治療など)
(6)主な内分泌・代謝疾患(例：下垂体機能低下症、副腎不全、甲状腺疾患、糖尿病など。ただしコントロール良好な場合は除外しない)
(7)原発性睡眠障害(例：睡眠時無呼吸、ナルコレプシーなど。ただしコントロール良好な場合は除外しない)
(8)双極性障害および精神病性うつ病

労症候群／筋痛性脳脊髄炎 CFS／ME (Myalgic Encephalomyelitis) に対する新たな疾病概念としてSEID (Systemic Exertion Intolerance Disease) が提唱されました。この提言では、「CFS／MEは罹患した患者の健康や活動に深刻な制限を加えるような全身性の重篤な慢性の複雑な疾患であり、重篤な場合には患者の生活そのものを破壊する深刻な病態である」と明記されています。

その上で、CFSという呼び名は疲労という誰もが日常生活で経験している症状を病名として用いていることにより誤解や偏見を受ける可能性があることを指摘し、中核となる症状を整理してSEIDとして再定義することを推奨しました。SEIDにおける診断基準では以下の三つの症状が必須条件としてあげられています。

1 発症時期が明確な慢性的な疲労に伴い、病前の就労、学歴、社会的、個人的な活動レベルから大幅な低下を6ヶ月以上継続して認めること
2 労作後に増悪する極度の倦怠感
3 睡眠障害（熟睡感、回復感を伴わない睡眠）

また、以下の二つの症状のうち、いずれかの症状を認めることも必要です。

1 認知機能の低下

2 起立不耐症（起立性調節障害）

さらに、IOMは臨床医に対してこのような病態が重篤な全身疾患であることを理解して、診断、治療に取り組む重要性を提示するとともに、今後5年間で科学的根拠に基づく診断基準の作成を行うことが必要であると勧告しています。

筆者らは倉恒弘彦教授を班長とする厚生労働省CFS研究班においてIOMの推奨する科学的根拠に基づくバイオマーカーを活用した診断基準の作成に着手してきており、PET検査で明らかになってきた神経炎症と関連がみられる炎症関連因子（X）などの簡便で客観的なバイオマーカー候補もいくつか見出しています。そこで、新たなCFS診断基準では、IOMが提唱したSEIDの理念を踏まえて臨床診断基準についても再検討を行い、客観的なバイオマーカーやPET検査を活用した基準を発表したいと考えて研究を続けています。

その後、本疾患の名称について、厚労省研究班が中心になり、筋痛性脳脊髄炎／慢性疲労症候群（Myalgic Encephalomyelitis/Chronic Fatigue Syndrome, ME/CFS）を正式名称とすることに固まりつつあります。ただ、名称が長いので、本書では、従前のCFSという名称を使わせていただくことにします。

別表2　基本的検査項目

(1)尿検査
(2)便潜血反応
(3)血液一般検査（WBC、Hb、Ht、RBC、Plt、末梢血液像）
(4)CRP、赤沈（またはシアル酸）
(5)血液生化学（総蛋白、蛋白分画、コレステロール、トリグリセリド、AST、ALT、LDH、γ-GTP、BUN、Cr、尿酸、血清電解質、血糖）
(6)甲状腺検査（TSH）
(7)心電図
(8)胸部単純X線撮影

11 慢性疲労症候群の病因仮説、周辺疾患

ストレス感染症

CFSはいまだ研究途上であるため、その正確な発症メカニズムは解明されていませんが、これまでの研究により、かなりの部分がわかってきました。CFSの発症に大きく関わっていると考えられるのは、「ストレス」と「感染症（ウイルスの再活性化）」であり、特にストレスは大きな発症要因と考えられています。

神経系・内分泌系・免疫系

私たちの体は、全身の感覚、呼吸、体温、代謝などを調節する「神経系」、代謝やホルモンのバランスを調節する「内分泌系」、そしてウイルスなどの外敵から自己防衛を行う「免疫系」の三つの系統が相互に作用し、互いに均衡を取りながら生命を維持しています。

このうちどれか一つでも機能が低下してしまうと均衡関係が崩れ、他の二つの系にも大きなダメージが及ぶことになります。

例えば、人間関係がうまくいかないなど精神的ストレスにさらされ続けていると、神経系や内分泌系のひずみを介して免疫系にダメージが及び、白血球のうちのリンパ球の一種であるナチュラルキラー細胞（NK細胞）の活性が低下してきます。すると以前感染しNK細胞によって活動が抑え込まれていたヘルペスウイルス、サイトメガロウイルス、EBウイルスなどの各種潜伏感染ウイルスが再活性化してしまうことになります。これに対して、免疫系がこれらのウイルスに反応してインターフェロンやトランスフォーミング増殖因子（TGF-β）などのサイトカイン（免疫細胞から分泌されるタンパク質）を産生してウイルスに攻撃

を仕掛けますが、すでに免疫力が低下しているため、ウイルスの活動を抑えられないのです。

さらにサイトカインが放出されると内分泌系に影響を及ぼし、男性ホルモンの中間代謝産物であるデヒドロエピアンドロステロンサルフェート（DHEA‐S）という幸福感や情緒に関係する神経ホルモンの血中濃度が低下してしまう可能性があります。また、DHEA‐Sの低下は血中のアセチルカルニチン（アミノ酸の一種であるカルニチンのアセチル化された物質）の減少を招き、注意力や集中力を支配する脳の機能低下を引き起こし、その結果、疲労感や倦怠感が長期にわたって持続することになるのです。

さらに、CFSの発症には遺伝的背景も関与していると考えられています。大阪市立大学疲労クリニカルセンターの調査では、CFS患者は物事に対する固着性が強く、完璧主義の傾向が健常者と比較して有意に高いことが明らかになっています。このような性格や気質の違いには、種々の神経伝達物質の輸送体や受容体の遺伝子多型が関連している可能性が考えられています。

30～39歳がピーク

大阪市立大学医学部附属病院疲労クリニカルセンターが行ったCFS患者の調査（2005～2011年）では、CFSの発症年齢は30～39歳にピークを迎え、次いで20歳台、40歳台という結果となっています。一方、日本におけるうつ病を含む気分（感情）障害の頻度に関する厚生労働省資料（平成20年患者調査）を見ると、35～44歳に患者数のピークがありますが、それ以降の年代も頻度に大きな違いはありません。また、神経症性障害、ストレス関連障害及び身体表現性障害の患者の頻度は、気分（感情）障害よりやや若い傾向がありますが、25～64歳まであまり頻度は変わらず、いずれもCFSとは傾向が異なっています。

CFS患者に60歳以上の高齢者が少ない理由として、第一に生活習慣病の合併が考えられます。高齢者では高血圧、心疾患、脳梗塞、糖尿病などの生活習慣病を合併していることが多く、これらの疾患が慢性疲労の原因と考えられた場合、CFSの診断から除外されることになります。つまり、CFSを隠してしまう生活習慣病の増加が、このような年齢的特性を作り出している可能性があるのです。二つ目の理由として、疲労・倦怠感への感受性の問題が挙げられます。１９９９年に愛知県豊川市地区の一般住民４０００名を対象に行われたアンケート調査では、働き盛りの年代に比べて、55～65歳の高年齢層の方が疲労・倦怠感を訴える割合が少ないという結果が出ました。このような結果が出た理由は明確ではありませんが、高齢になるに従い、疲労や倦怠感の感受性の低下が起こることが関与している可能性があります。

ＣＦＳは１９８８年に米国疾病対策センター（ＣＤＣ）が発表した病名であるのに対し、約10年後の１９９９年には、機能性身体症候群（ＦＳＳ：Functional Somatic Syndromes）という新しい疾患概念が提唱されました。ＦＳＳに含まれるＣＦＳ患者さんと胸やけや腹痛などの胸部や腹部の不快感を伴う機能性ディスペプシアの患者さんでは、診断基準や症状、治療に対する反応性などの点において共通性が多いことが知られています。つまり、ＦＳＳとは、それぞれの病名にこだわるのではなく、器質的疾患（病理学的所見の認められる疾患）の存在を明確に説明することが困難な病態となります。

ＣＦＳと機能性ディスペプシア以外にも、線維筋痛症、シックハウス症候群、化学物質過敏症候群や湾岸戦争症候群など多様な症候群がＦＳＳに含まれています。筆者らは、ＦＳＳの病態を総合的に理解するための脳科学研究も進めています。後項で紹介しますが、疲労回復に重要な脳内のセロトニンという物質の動態が、ＣＦＳと機能性ディスペプシアでは異なることもわかってきています。

12 過労と過労死

表面化しない過労

私たちは、疲労を感じていてもその大切な警報（アラーム）を無視し、物事に追われてオーバーワークを行い、過労状態を招き、時として過労死が起こります。過労死は他者によって強制されたという具体的な証拠のあるものは認定されます（認定数は増えているが、まだ少ない）が、「過労」はむしろ、自分の中に責め立てるものがあるために、大部分は表面化しません。つまり、「過労死」についても、明確にわかっているものは氷山の一角に過ぎません。

厚生労働省の2002年の「産業医のための過重労働による健康障害防止マニュアル」では、「『過労死』とは過度な労働負担が誘因となって、高血圧や動脈硬化などの基礎疾患が悪化し、脳血管疾患や虚血性心疾患、急性心不全などを発症し、永久的労働不能または死に至った状態をいう」とあります。しかし、死因については、約30％に明確な脳血管疾患や虚血性心疾患、急性心不全などの発症がありますが、他には死因の特定できていないものも多いです。

すでに限界を超えていること

「過労」という言葉は、「慢性疲労」と異なり、緊急度が高い表現です。「慢性疲労」にも、日常生活を損なうような厳しい疲労がありますが、「過労」という表現はすでにある限界を超えていことを指します。ただ、過労に関する十分な医学・科学の定義もなく、かなり曖昧な表現であることは明かなのです。

このため「過労」を定義するような良いバイオマーカーが喫緊の課題となっています。その役割を担うのが日本の研究者の責務と筆者らは考えています。今や、国際語となった「Karoshi」をまさに日本が率先して何とかすることが期待されています。

過労死メカニズムを解明する

このような観点で、筆者らは、過労死モデル動物を作成し、その過程を追跡しました。この研究は、動物愛護の観点からは難しい研究の類でした。慎重にほんの少数例で毎日の睡眠不足のモデルを作成し、やがては死に至ることを見いだした後、元に戻ることができる日数のモデルで主な実験を行いました。

これは、文部科学省の研究費目で、大阪市立大学を中心に21世紀COEプログラム革新的学術研究分野「疲労克服研究教育拠点の形成」（平成16－21年度）の活動の中で始めた研究です。現在は、名古屋大学医学研究科教授の木山博資先生と小川登紀子先生が当時の大阪市立大学医学研究科で始めた研究です。木山先生たちは、特に、様々なホルモンの分泌を担う脳下垂体のホルモン産生細胞がα－メラニン細胞刺激ホルモン（α－MSH）を過剰産生し、やがては、細胞死を起こすことを発見しました。このホルモンが過労死の初期の良いバイオマーカーになる可能性があるのです。研究はさらに続き、小川先生は、最近、同じ動物の肝臓でも、細胞内分解系の異常を示す変性細胞が存在することを明らかにし、そのバイオマーカーとなる遺伝子変化を見つけました。

この研究が発展すると、過労死のメカニズムが解明される可能性があるのと、早期発見ができる可能性があり、現在、科学的指標の希薄な過労死の問題が解ける可能性があります。

Column

健康関数

皆さんの健康は、糖尿病や動脈硬化症などの生活習慣病、がん、認知症、サルコペニア、肝臓疾患、腎臓疾患など、それぞれの軸に沿って、それぞれの専門家が健康〜未病〜疾患の道筋に則った計測を行い、リスク評価をしています。ただ、健康総体の度合いを表す指標、ここでいう健康関数はまだ確立していません。筆者らは、渡辺のオリジナルコンセプトですが、**「健康関数」**というものの提言に至っています。それは、上記のような様々な病気に向かう因子の中で先行するものやより重篤なものに重み付けをして、全体の健康度を表そうという試みです。たとえば、これまでに疲労の分子神経メカニズムでも述べてきました「自律神経系の働きの低下」、「生体酸化（さび付き）と抗酸化能力」、「修復エネルギーの低下（量）」、「局所の炎症（免疫反応）」などを計測し、多くのデータからその計測値に重み付けをしたものを使って、総体の健康度を表そうというものです。

たとえば、次式のように、

$$HQ = [a \cdot OSI^{-1} + b \cdot EM + c \cdot Inf^{-1} + d \cdot CF + e \cdot U] / [personal\ VAS / average\ VAS]$$

a - e の 数値は重み付けを表す

この数式で表されるものが健康関数です。OSI は「生体酸化（さび付き）と抗酸化能力」の指標の数値化（ここでは逆数、さび付きが少ない方が数字は大きい）、EM は「修復エネルギーの量」、Inf は局所炎症（これも逆数、炎症が少ないと健康度が高い）、CF や U は他の指標です。これを自分の健康感覚を年齢・性差・働き方等のファクターで補正したものを HQ=Health Quotient 健康指標とします。この健康指標が確立され用いられれば、様々な病気の発症を予知する総体の健康度を表すことが可能となります。

第2章

疲労のメカニズムとその計測

13 疲労のコアメカニズム

酸化により細胞が傷む

疲労は、運動性疲労であれ精神作業性疲労であれ、筋肉細胞、神経細胞の過活動による生体酸化、すなわち、必要な酸素供給―呼吸に付随して産生される酸素ラジカル（活性酸素）の量が過剰なため、生体還元系の処理速度が間に合わず、重要なタンパクや脂質などが酸化されます。それによって、細胞そのものや重要な細胞内オルガネラ（細胞の中の核やミトコンドリアなどの小器官）や部品が傷み、その傷害を感知した免疫系細胞が免疫サイトカインというシグナルを脳神経系・内分泌系などに送り、修復を試みます。この際に、修復エネルギーが十分でないと、疲労が長引きます。

このようなメカニズムは多分、皆さんにとっても理解しやすいものだと思いますが、詳細なシグナルが脳のどの部位にどのように伝わっているか、まだ全貌は明らかではありません（図参照）。

ここでは、とくに、分子神経メカニズムのうち、神経メカニズムに焦点を絞って述べます。疲労のバイオマーカーとして、様々な生理学的・生化学的・免疫学的因子がありますが、とくに、これまで言われてきた乳酸は、疲労原因物質でなく、疲労回復に役立つ重要な分子であるし、セロトニン過剰仮説もむしろ、セロトニン系疲弊仮説が相応しいことが最近わかってきました。

抗酸化物質により健康を保つ

疲労の分子神経メカニズムの解明には、動物とヒトの研究どちらも有用です。筆者らは双方の研究から得た知見を照合し、動物モデルは、ヒト疲労の側面を反

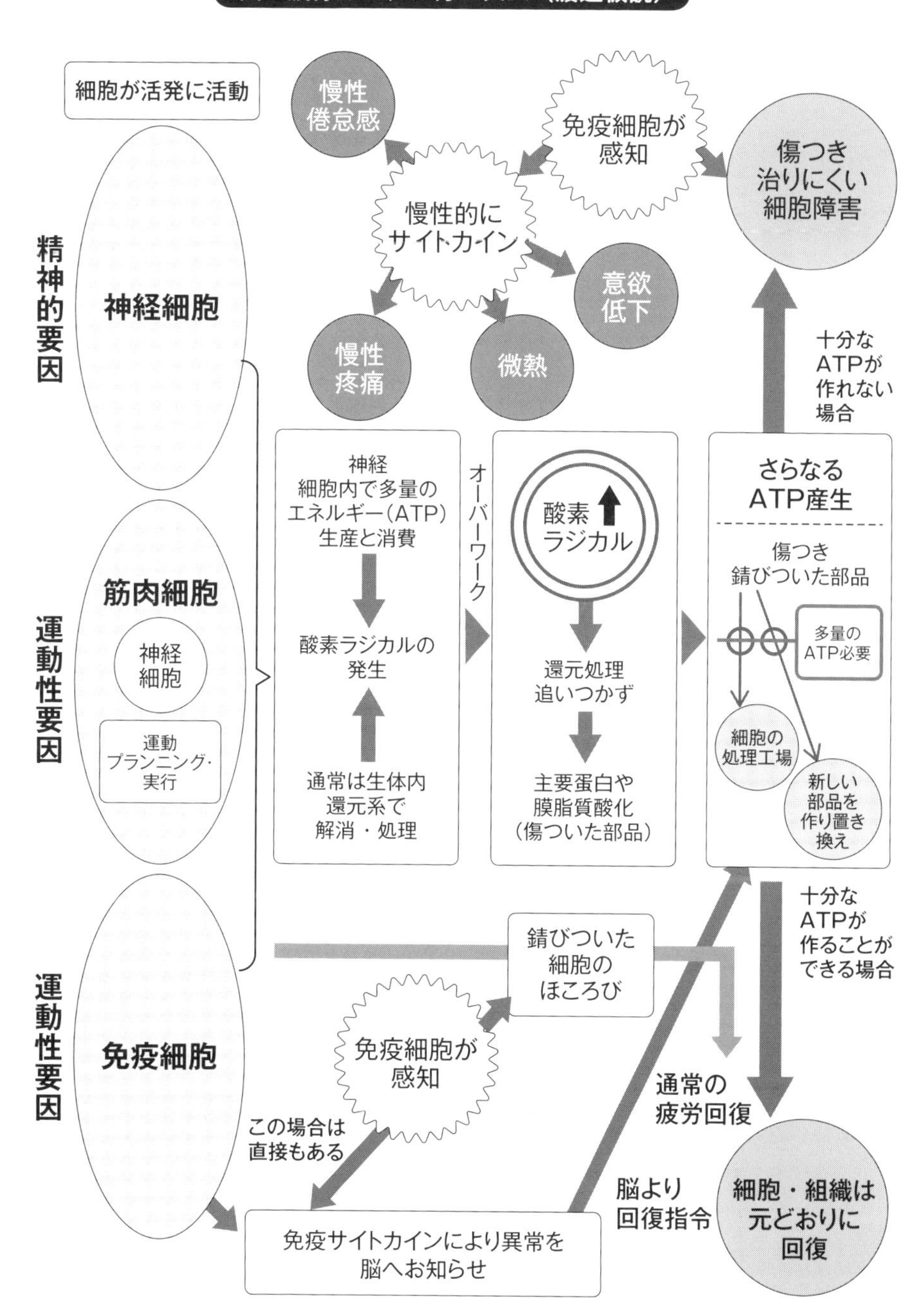
図 疲労のコアメカニズム（渡辺仮説）
細胞が活発に活動
精神的要因
神経細胞
運動性要因
筋肉細胞
神経細胞
運動プランニング・実行
運動性要因
免疫細胞
慢性倦怠感
免疫細胞が感知
傷つき治りにくい細胞障害
慢性的にサイトカイン
意欲低下
慢性疼痛
微熱
十分なATPが作れない場合
神経細胞内で多量のエネルギー（ATP）生産と消費
酸素ラジカルの発生
通常は生体内還元系で解消・処理
オーバーワーク
酸素ラジカル
還元処理追いつかず
主要蛋白や膜脂質酸化（傷ついた部品）
さらなるATP産生
傷つき錆びついた部品
多量のATP必要
細胞の処理工場
新しい部品を作り置き換え
錆びついた細胞のほころび
十分なATPが作ることができる場合
免疫細胞が感知
通常の疲労回復
この場合は直接もある
脳より回復指令
細胞・組織は元どおりに回復
免疫サイトカインにより異常を脳へお知らせ

映しているかどうか、また、動物モデルで得た成果が実際にヒト疲労に通用するかどうか判定しつつ研究を行ってきました。

疲労は、運動性疲労であれ精神作業性疲労であれ、根本のところで「活性酸素」（酸素ラジカル）が関わっています。地球上のほとんどの生命体は、酸素を使ってエネルギー（アデノシン―3―リン酸、ATP）を作っていますが、その過程で必然的に酸素ラジカルが副産物として発生します。この酸素ラジカルは、通常は細胞の中の抗酸化物質（ビタミンC、ビタミンE、グルタチオン、システイン、ポリフェノール類、β-カロテン、カテキン、イミダゾールジペプチドなど）により消去され、細胞の健康を保っています。ところが、私たちのオーバーワークにより、酸素ラジカルの発生量が過度になり抗酸化物質が少なくなっていくと、細胞の中のタンパク質などの重要な部品を酸化させる、つまり、サビ付かせるわけです。

体が若く、エネルギーを十分に作れていれば、サビ付いた部品をエネルギーを使って修理工場へ運んだり、新しい部品を作って置き換えたりすることができます。しかし、老化や過度のオーバーワークが連続したりして、修復エネルギーが不足していると、サビ付いた部品が蓄積され、細胞の調子が悪くなってきます。そこで様々な細胞傷害が起こってきます。これは、精神疲労の場合は脳細胞（おもに神経細胞）が、運動性疲労の場合は筋肉や運動器の細胞が、感染性疲労の場合は免疫細胞が主体になります。

こうした細胞傷害を、全身を巡って異常を点検している免疫細胞が見つけ、免疫系のサイトカインと呼ばれる伝播物質を介して脳に異常のある場所とその程度を知らせることで、人は疲れを感じているのです。これが疲労の大まかなコアメカニズムです。

脳内の状態

ただ、先ほども述べたように、詳細なシグナルが脳のどの部位にどのように伝わっているか、まだ全貌は明らかではありません。筆者らが開発した疲労動物モデルの実験では、micro positron emission tomography（マイクロPET）による脳機能イメージングにより、脳全体（特に前頭葉、前帯状回）のエネルギー源であるグルコースの利用能が低下していました。加えて、脳活動を調整する神経機構も過労により変調することがわかっています。セロトニンは、疲労動物モデルにおいて、前頭部をはじめとした多くの部位で、急性期ではセロトニン神経系の活性が上昇するにもかかわらず、過労状態になると、セロトニン神経系の活性が全くストレスの無い環境下で飼育されている動物と同じレベルにまで低下しました。これは、急性の疲労やストレスから慢性疲労・過労の状態になると、脳幹部からのセロトニンの投射系の活動が高い状態からやがて低い状態に向かうものと解釈できます。この過労の際には、セロトニンやカテコールアミン産生に重要な補酵素であるテトラハイドロバイオプテリンの含量も低下します。以下に述べますが、こういった前頭部や神経調節系の問題はヒトの慢性疲労状態においても認められます。

疲労の検知機能の破綻

人が働きすぎると、意欲・情動に関わるこの脳部位が活発に働き始め、この部分が、脳の新規学習・計画や集中といった脳機能を担当している部分に「やすみなさい」という警告を発していると考えられています。普通の場合、疲れたら眠くなり睡眠・休息をとりますが、無理してがんばって働き続けると意欲・情動に関わる部分の機能部位が疲れのＳＯＳ信号を押さえ込んで、働き続けることになります。

同時に、交感神経も刺激され、活動・緊張状態を継続するため、身体が休息をとれない状態、ときには不眠状態に至る恐れもあります。こうした疲労の検知機能の破綻が慢性疲労や過労死につながる可能性があります。

一口メモ

癒し系のセロトニンは疲労と密接に関連。

14 原因別疲労のメカニズム

分子イメージング研究

第10項で紹介したように、慢性疲労症候群（Chronic Fatigue Syndrome; ＣＦＳ）と診断される6ヶ月以上継続的・断続的に日常生活に支障をきたすような激疲労（全身倦怠感）を訴える症候群があります。ＣＦＳは、究極の慢性疲労状態であると考えられ、脳機能・分子イメージング研究により、ＣＦＳ患者の様々な中枢神経系異常が明らかになってきています。磁気共鳴画像法（ＭＲＩ）を用いた脳の体積量を評価するVolumetryの研究から、ＣＦＳ患者の前頭前野の一部の体積が左右とも健常人と比して小さくなっていることが判明し、その一部において、体積の減少の程度と疲労重症度と有意な相関が認められました。オランダのグループがこの追試を行い、ＣＦＳ患者において同じような前頭前野の萎縮（体積量の減少）を認めましたが、行動療法の一種である認知行動療法により疲労の程度が軽くなった患者においては、この萎縮が減少したという結果が報告されました。

慢性疲労状態においては、疲労・倦怠感に加えて、易疲労（疲れやすさ）が主要な特徴です。筆者らは易疲労性の神経基盤を明らかにするため、機能的磁気共鳴画像法（ｆＭＲＩ）を用いて画面をみながら課題を行う疲労負荷時における脳血流反応を検討しました。このとき、脳全体の機能を検討するため、疲労負荷課題関連脳部位に加えて、課題非関連脳部位の血流反応についても測定を行いました。疲労負荷として、視覚課題を一定時間行いました。課題非関連脳部位の反応については、課題施行下磁気共鳴画像装置による雑音を1秒間消したときの血流反応の測定を行いました。

課題関連脳部位である視覚野の血流反応は、健常人、CFS患者ともに、疲労負荷により低下しましたが、低下率は、健常人とCFS患者で差がありませんでした。一方、課題非関連脳部位として、両側の聴覚野の反応があり、健常人では疲労負荷によっても課題非関連脳部位の血流反応は低下しませんでしたが、CFS患者では課題非関連脳部位の血流反応が低下しました。さらに、この低下率は、疲労・倦怠感が強いほど大きかったのです。以上より、慢性疲労状態は、脳全体の反応性の低下として特徴づけることができ、これが易疲労性の神経基盤と考えられました。

疲労と血清アセチルカルニチン

CFS患者では、疲労の程度と血清アセチルカルニチン（ACR）濃度とに相関がみられます。ポジトロン核種（陽電子放出核種）である^{11}Cを用いてACRを標識し、ポジトロンエミッショントモグラフィー（PET）を用いてサルやヒトにおけるその生体内動態の検討を行ったところ、生体には肝臓を中心としたACR動態制御機構が存在し、血液ACRは脳内にアセチル基を供与し、グルタミン酸などの神経伝達物質の生合成に利用されていることが分かりました。

PETを用いて脳局所血流量と脳局所アセチルカルニチン代謝の検討を行ったところ、局所血流量はCFS患者で前帯状回、眼窩前頭野、左側頭葉、海馬、中脳、橋など種々の部位において健常者と比べて低下していましたが、局所アセチルカルニチン代謝は局所血流異常とは異なり、自律神経系の調節や情動などに深く関連している前帯状回の一部であるBrodmann 24野、意欲やコミュニケーションにおいて重要な前頭前野の一部であるBrodmann 9/46d野、および小脳の一部において著しく減少していました。これらの脳部位における神経伝達物質の生合成障害が、CFSの臨床症状と深く関連していることが示唆されました。

セロトニンを伝達物質とする神経細胞は、大脳皮質をはじめ脳のいろいろな部位に広く網を張りめぐらせて、多くの脳機能にかかわっています。CFS患者においてセロトニン系の主要要素であるセロトニントランスポーター（5-HTT）のタンパク質発現と機能がどのようになっているかを調べるために、5-HT

Tに特異的なリガンドである$[^{11}C]$（+）McN5652を用いたPET研究を行ったところ、前帯状回の一部でCFS患者の5-HTTが低下していました。この前帯状回のセグメントは、慢性化する疲労に関する重要なスポットであり、この部分の機能低下、セロトニン神経系の低下が疲労の重要な特性であると考えられました。

運動性の疲労、精神ストレスによって起こる疲労、感染性の疲労に共通して働くメカニズムがあり、全くすべてが同じメカニズムということではないにせよ、どこかで、疲労を感じる神経回路のようなものがあると考えられます。精神疲労を対象に、健常被験者に、大阪市立大学大学院医学研究科特任教授の梶本修身先生らが開発したAdvanced Trail Making Test（ATMT）を長時間取り組んでもらい、局所脳血流量の変化を、PETを用いて検討したところ、疲労感にともない活性が上昇する部位は眼窩前頭野（Brodmann 11野）の一部であることが明らかになりました。この脳部位は、疲労を感知する神経回路において中心的な役割を有すると考えられます。

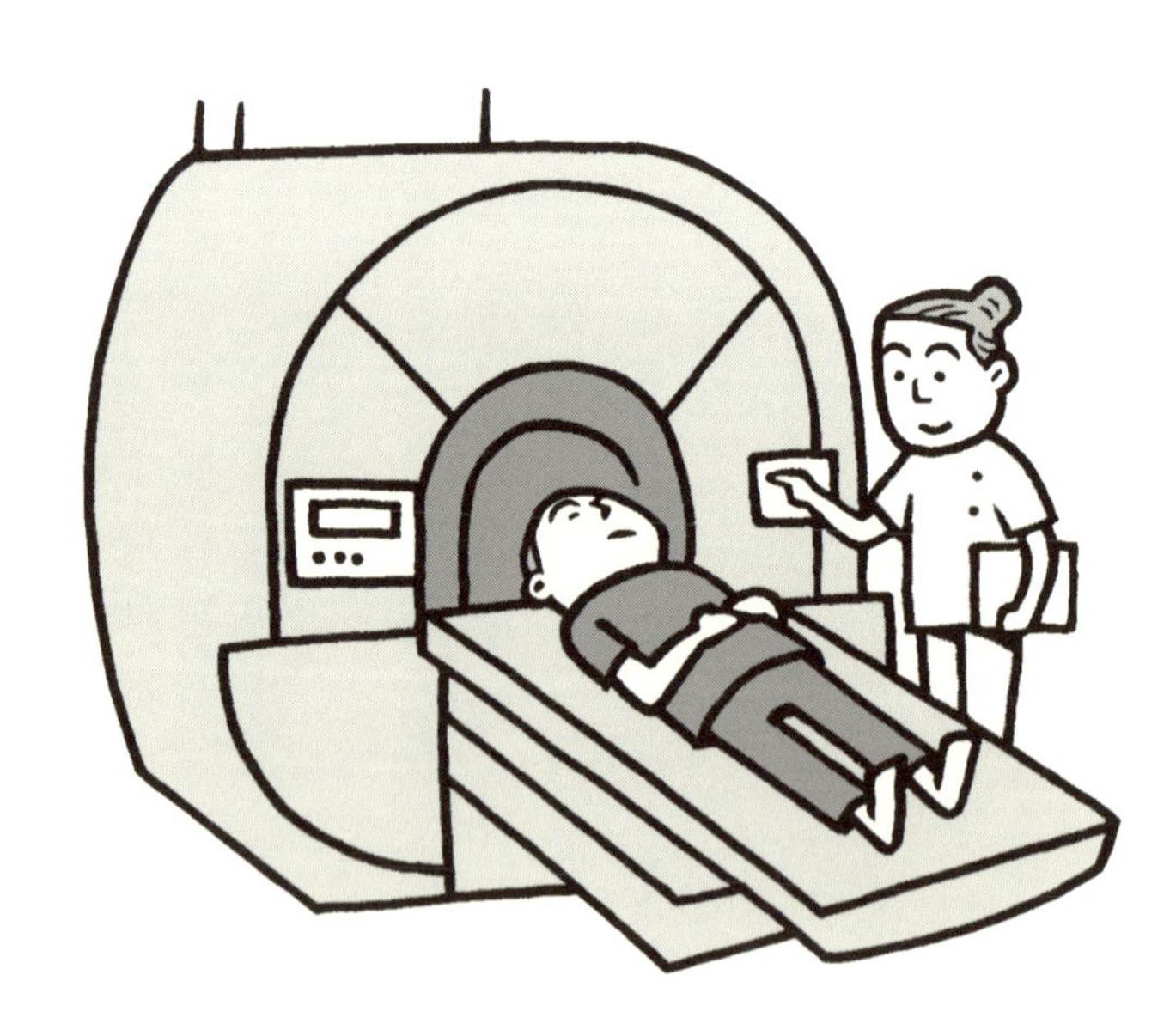

PET検査で脳内の分子・物質の量や動きがわかる。

15 ヒトはなぜ疲れやすいか？ 動物との違いはあるのか？

生物学的課題とヒト特有の高次脳機能

ヒトはなぜ疲れやすいのか？ 動物との違いはあるのか？ この疑問も多くのヒトが感じていることと思います。この点は、予備能といわれる部分、感受性という部分、回復力・復元力という部分という三つの大きな生物学的課題とヒト特有の高次脳機能という問題が潜んでいます。

まず、ヒトはある程度のダメージ・障害を受けても代償作用が働いて元に戻ることができる機能、つまり予備能と言われるものがあります。たとえば、糖尿病で2型糖尿病であっても、空腹時血糖値が上がってくるのは、膵島（膵臓の内部に散在する内分泌組織）のインシュリン産生細胞の数が40％程度に減った状況であり、日本人平均が有しているインシュリン産生細胞数の60％は、予備能であると言えます。この予備能は、動物との差もあり、また、人種差・個体差も良く知られています。予備能には、遺伝子背景も関与しています。

ヒトと動物の感受性

ただ、一方で感受性においても、ヒトと動物では大きく異なり、エネルギー産生工場のミトコンドリアという小器官での生体酸化やエネルギー低下に対する耐性は、ヒト細胞で低いことが知られています。ヒトと動物では、血流量の違いや心拍数の違いだけではなく、物質の吸収、全身臓器への分布、代謝、排泄などすべてのステップの輸送体や酵素活性の違いがわかっています。たとえば、薬物代謝を含めた市販の有名な薬物のヒトと動物種のバイオアベイラビリティ（薬物を摂

図　ヒトの薬物動態は、どの動物種の薬物動態からも推定できない

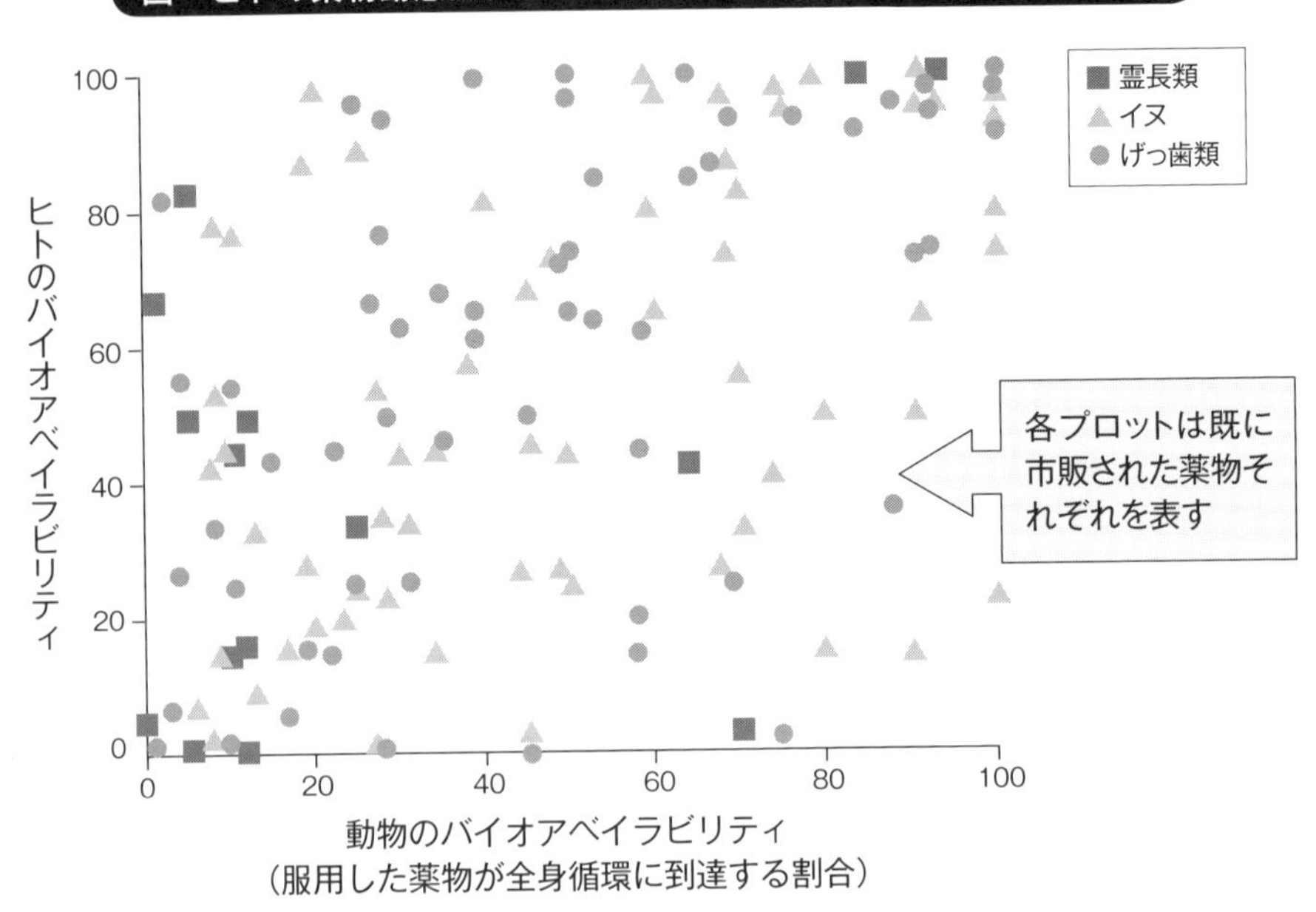

取してからの体内への取り込み、とくに血液中に循環している濃度）の違いを見たものが図です。

また、様々な物質の解毒に関わる酵素の活性や、毒性のある物質にさらされた時のこの酵素の量が増える反応（酵素誘導現象）が動物では数日で十分なのに、ヒトでは数週間がかかるなど、適応現象と言われるものも動物とヒトで異なっています。この適応現象などに厳しい疲労に対する回復力・復元力をみると、たとえば、動物の激疲労モデルである5日間のモデルからの回復を調べると、ラットの場合は、ほぼ24時間で、ほとんどすべての機能低下が元に戻ることがわかっています。ヒトでは、同じような厳しい疲労負荷があった場合、その疲労は負荷と同じぐらいの日数を経て、ようやく元に戻ることができます。

結局、ヒトと動物の疲労回復力の違いは歴然なのですが、もう一つ、ヒトの疲れの特徴には、頭脳労働の結果があります。高度な脳の発達は、概念的な部分や創造的な部分があり、これらを司る脳の前頭前野、とくに、背側前頭前野はチンパンジーよりさらにヒトで発達した脳であり、この部分が司令塔となって、ヒト

脳の高次機能を担っています。様々なヒトの行動・活動は、この部分の働きが中心で起こります。一日の計画や仕事に割く時間の配分、休憩の当て方など、すべてにおいて、ヒトの脳は絶え間なく、動物と異なる次元で活動しているのです。

脳はぎりぎりのエネルギー状態で動いている

脳は、他の臓器と違い、実はぎりぎりのエネルギー状態で動いています。神経細胞が発火するための細胞膜電位を保つことに対しても日常かなりのエネルギーを使っており、また、肝臓細胞のようにグリコーゲンとして主なエネルギー源のブドウ糖を速やかに動員することが出来ない細胞です。一旦、神経細胞が過活動や故障を発生すると、なかなか修復できない、修復に時間がかかることはその特性から明らかなのです。ヒトでは、このような脳活動による疲れが多いことから、疲れを是正するのに時間がかかることはご理解いただけると思います。

ヒトと動物では、疲労の回復スピードが異なる

16 現代生活における疲労の特徴・課題

休憩・睡眠の質

現代生活は、「忙しい」、「次々とやることがあってエンドレスである」、「気の休まる時がない」というような切迫感が最も問題です。自分のペースで動けないということが休息のタイミングもうまく取れないことになります。そうすると、やはり、前項に書いた、予備能、感受性、回復力・復元力、高次脳機能の発達という部分に注目して、鍛えるべきものは鍛え、備えるべきものは備えていくことが戦略として正しいことになります。

休憩、息抜き、癒やし、娯楽（エンターテインメント）、そして、睡眠というものが仕事の効率のためにないがしろになっている場合が多く見られます。休憩の質、睡眠の質に大きな課題があります。

とくに近年、子どもの疲労の項（第三章参照）にも出てくるように、間断なくスマートフォンなどで情報の取得を行い、ゲームをし、瞬時に反応するような集中力をずっと維持することが必須になっています。それはそれで、新人種としての新しい機能の発達には役立っているのだろうという推測は成り立ちますが、じっと自分のペースで考えを構築し、また、周りや遠方の景色などを眺めながら休憩することなど、真に時間のかかる創造ができるのかどうか、疑問に思えます。娯楽にも、現代的スピード感が求められるものもあり、娯楽によって疲れる要素も大いにあります。

このような課題を考えつつ、やはり、学校や会社などでの休憩の取り方をそれぞれの立場でより良い方向性を持って考え、実現して行く必要があります。とくに社員の創造性が必須のいくつかの企業では、休憩というか、遊びを仕事の中に入れつつ、そのような設備も社内に作って対応しているところが増えてきています。また、睡眠時間を十分にするためと通勤・通学交通混雑を避けるために、学校・会社の始業を遅めの時間にするということも考えられています。

自力でコントロールする

すべての場面において、自分が主体的に計画し、予測でき、あるいは、自分がコントロールできる事象については、疲れも少なく、また、休憩をうまく挿んだスケジュールを構築することができます。このことが一番重要かもしれません。すなわち、他人が決めたスケジュールでも一度自分のものとしてメモなどに組み込んで咀嚼しておくことであらかじめ想定しながら動くことができます。結局、疲れにくいキーワードは、「事前シミュレーション」なのかもしれません。

睡眠の質に関しては、やはり、自身の持っている日内リズムとうまく合わせた睡眠時間の取り方が最も重要ですが、睡眠に関わる環境、寝具、睡眠時無呼吸対策など、行えることが多くあります。

とにかく、これらのことを達成するためには、自分の疲労の度合いをきちんと把握することが必須で、次項から、「疲労度を計測する」ことに焦点を当てていきます。

17 疲労を計ることの重要性 主観的・客観的

疲労の主観的・客観的指標

疲労および疲労感、すなわち、自分で感じる主観的疲労度と他のヒトの疲労度と比較することの出来る客観的疲労度とが計測でき、数値化されることが、疲労の分子神経メカニズムの解明や、これから紹介するより良い疲労回復法や過労予防法を開発していくために必須でした。筆者らの研究の半分ぐらいは、この数値化にあるといっても過言ではありません。

まず、疲労の主観的程度を表す指標は、簡易的には、100㎜の水平な直線上に疲労感の程度の印をつけるVisual Analogue Scale（VAS）や疲労感の程度を顔の表情に例えて回答するFace Scaleを用いることが多く、また、臨床の場では、国際的にはイギリスのチャルダー先生が開発した疲労質問票、我が国ではこの和文訳も含め大阪大学・大阪市立大学で開発されてきた64項目や101項目の質問票、これらの改訂新質問票が用いられます。

一方、客観的指標としてのバイオマーカーに関する研究が鋭意行われてきました。これらは大別すると、生理学的バイオマーカーと生化学・免疫学的バイオマーカーに分けられます。

生理学的バイオマーカー

生理的バイオマーカーは三つに大別できます。「脳機能」、「循環動態・自律神経機能」、「行動量・睡眠態様」を指標とするものです。

脳機能では、疲労に従い、注意力・集中力の低下が起こり、脳タスクにおいてエラーが増加します。これらの前頭葉機能は、画面上にランダムに位置する①～

㉕の数字を昇順に素早く探索するATMT（Advanced Trail Making Test）法や一桁数字の足し算を行うクレペリン試験とそのPC版、n個前に呈示された数字と現在呈示されている数字が一致するかを判断するNバックテストなど、主に、コンピュータ上で5分～数十分の作業での反応時間の遅延やエラー回数の増加を測定することによって、値を得ることができます。

疲労状態でも、意欲を上昇させることで、パフォーマンスの低下を乗り越えることができてしまいます。しかし、その際も多重注意課題や注意転換課題（二重課題やかな拾いテスト）を与えると、より鋭敏に疲労を検出することができます。これらは、脳機能計測機器である機能的磁気共鳴画像法（fMRI）や脳磁図（MEG）で実際に脳のどの部位やどの神経回路の機能低下であるかが測定できています。

循環動態・自律神経機能では、疲労時に、特に、リラックスや癒しをもたらす副交感神経系が機能低下し、緊張や活動を促す交感神経系が優位になることが、心電図を用いた心拍変動解析や指尖加速度脈波（脈波を2回微分した波形）の周波数解析でわかりました。現在、これが一番計測されている信頼性の高い指標の一つです。心臓の動きの一拍一拍の間隔を表す「R-R間隔」、加速度脈波の「a-a間隔」は、ほぼ同じ傾向を示すことが明らかになり、疲労度を表すものとして、心拍変動周波数解析による低周波成分LF（主に交感神経系の活動を表す）と高周波成分HF（主に副交感神経系の活動を表す）の比（LF／HF）を取り、その値を年齢・性別のデータベースと比較するものです。また、自律神経系の交感神経成分、副交感神経成分のパワー値が計算でき、性・年齢層に応じた多数のデータベースから、自律神経年齢を算出することができます（ccvTP）。

行動量・睡眠態様では、腕時計型の活動量計の1種であるアクティグラフなどを用いて数日～週単位の終日活動量を記録し、覚醒時の活動量を把握するほか、睡眠時間、睡眠パターン、中途覚醒状況などを把握できます。慢性疲労時には、覚醒時の活動量も低下し、CFS患者では、様々な形の睡眠障害、小児慢性疲労症候群患者では、とくに日内リズム障害が顕著です。

生化学的・免疫学的バイオマーカー

血液、唾液、尿などの採取により、疲労・慢性疲労・慢性疲労症候群において様々な生化学的・免疫学的物質の変動を検知できます。疲労に特異的な生化学的・免疫学的バイオマーカーがあるかどうかの検証は様々行われていますが、現時点では、パフォーマンスの低下と平行して動く物質をパターン認識していく戦略がとられています。疲労の原因の上流から探っていくと、酸化ストレスマーカー（血液中：d-ROMs、抗酸化能ＢＡＰ。尿中：8-isoprostane、8-hydroxy-deoxy-guanosine など）、細胞障害マーカー（ＬＤＨ、ＣＰＫなど）、免疫系因子（ＴＧＦ-α、ＩＦＮ-α、ＴＮＦ-α、IL-1β、IL-6、抗核抗体など、主に慢性疲労症候群）、修復系エネルギー獲得・修復必要因子（血液中・臓器中アミノ酸、クエン酸やイソクエン酸などのＴＣＡサイクル中間代謝物質）などが良いバイオマーカーとなります。

大阪大学の作道博士らは、近赤外分光法を用いて、健常者と慢性疲労症候群患者を特異度高く判定する方法を開発しました。東京慈恵医科大学の近藤一博教授らは、唾液中のヒトヘルペスウイルス6型、7型のコピー数が、厳しい疲労や慢性疲労症候群のバイオマーカーとして利用できることを示しました。また、最近では、その再活性化に関与する疲労因子（Fatigue factor，FF）、また、回復をもたらす抵抗因子（Fatigue resistant factor, FR）が同定されて、これらが疲労度の計測に応用できると思われる結果が出ています。

一口メモ

「疲労度」を測るためには、主観的指標と客観的指標を合わせた総合的な評価が重要!

18 疲労・倦怠感の数値化

主観的疲労感・倦怠感の数値化には、多くの質問票が用いられます。国際的に使われているのは、チャルダー先生が開発したスケールで、これは14項目の質問から成り、それぞれ、0～3点を付けて、点数が高い方が疲れている度合いが大きい。ただし、このスケールは、質問票を付けてもらっているその時点の疲労度というよりは、ここ2週間から1ヶ月程度の疲労を総体的に記入するものなので、亜急性疲労（数週間から6ヶ月未満の間持続する疲労）や慢性疲労（6ヶ月以上持続する疲労）の検出には良いが、余り、記入時点の疲労度を表すものではありません。また、本スケールを用いることで精神的疲労と身体的疲労の程度は把握できますが、疲労との関連愁訴である抑うつ症状、注意力・記銘力の低下、疼痛、自律神経失調症状などの総合的な疲労関連症状評価は困難です。そこで、質問項目を増やして疲労関連症状を十分に評価できる新たなスケールを大阪市立大学にて開発しました。

大阪市立大学で開発した疲労スケールは、①疲労（例：横になりたいぐらい疲れることがある疲れた感じ：ちょっとした運動や作業でもすごく疲れる）、②

図　疲労スケール（疲労度が1段階の例）

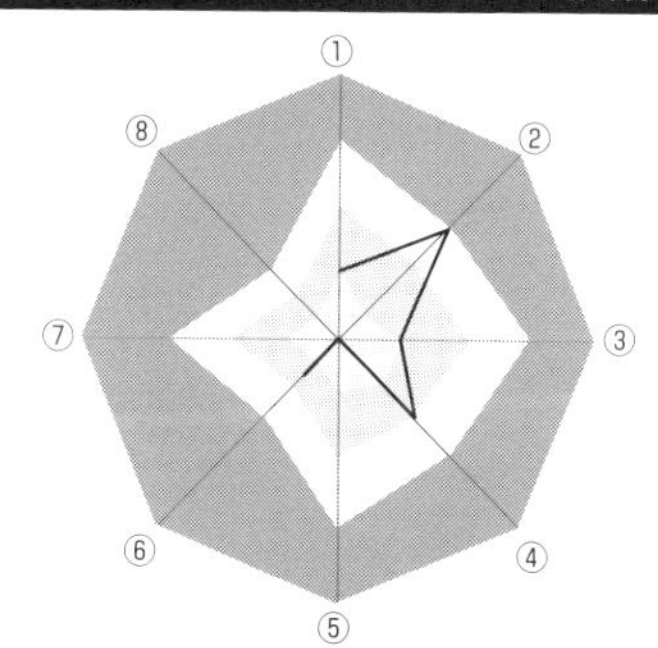

		ふつう	やや強い	強い	非常に強い
①不安とうつ	5.0	～5.6	5.7～10.3	10.4～14.8	14.9～
②睡眠の問題	11.6	～2.5	2.6～8.1	8.2～12.1	12.2～
③注意力・思考力低下	5.0	～6.1	6.2～10.6	10.7～15.1	15.2～
④疲労	8.7	～4.5	4.6～8.5	8.6～12.5	12.6～
⑤痛み	0.0	～4.4	4.5～9.4	9.5～14.4	14.5～
⑥過労	3.0	～2.1	2.2～5.2	5.3～8.3	8.4～
⑦感染	0.0	～4.6	4.7～9.0	9.1～13.4	13.5～
⑧自律神経	0.0	～1.6	1.7～4.5	4.6～7.4	7.5～

うつと不安（例：ゆううつな気分になる：不安で落ち着かない気分になる）、③注意力・記銘力の低下（集中力が低下している：ちょっとしたことが思い出せない）、④痛み（関節が痛む：このごろ足がだるい）、⑤過労（ゆっくり休む時間がない：仕事量が多くてたいへんである）、⑥自律神経症状（まぶしくて目がくらむことがある：冷や汗が出ることがある）、⑦睡眠（どうしても寝過ぎてしまう：居眠りが多い）、⑧感染（リンパ節が腫れている：のどの痛みがある）と8つの症状に分類し、各質問を1〜5点で点数化します。総合的評価として、各症状の程度から疲労度を1〜4段階で評価することができ、結果をレーダーチャートとして示すことで回答者は疲労特性を視覚的に認識することができます（**図参照**）。

　また、揺れ動く疲労感を直感的に付けてもらえる指標としては、簡易的なVisual Analogue Scale（VAS）などがあり、臨床の場や、抗疲労製品試験などにも用います。VASについては、日本疲労学会ホームページ上で検査方法が詳しく紹介されています（http://hirougakkai.com/VAS.pdf）（**下図**）。

主観的疲労度の測定

疲労度をどのようにして計るか？　疲労・疲労感・意欲の主観的計測

1. 質問紙（Chalder's scale,日本語版）
2. 質問紙（大阪市大版、64項目、101項目）
3. 質問紙（簡易版、30項目、臨床試験用）
4. 学習意欲と生活習慣の質問紙
5. Visual Analogue Scale（VAS）　日本疲労学会のガイダンスあり
6. Face Scale

Visual Analogue Scale（VAS）

あなたが、今、感じている疲労感を、直線の左右両端に示した感覚を参考に、
直線上に×で示して下さい（線や枠の外に×をつけることはできません）。
直線の左端：これまで経験したことないような、疲れを全く感じない最良の感覚
直線の右端：これまで経験したことないような、何もできないほど疲れきった最悪の感覚

疲れを全く感じない最良の感覚

何もできないほど疲れきった最悪の感覚

19 疲労すると変化すること

自律神経機能

皆さんは、疲労すると変化することについて、良く自分のこととしてわかっていると思います。疲労すると変化するものを計測すれば、疲労度の指標になります。以下に、それをまとめます。

もっとも成功しているものは、自律神経機能計測です。皆さんが疲労したり、体調が悪くなったりした時、全身調整機能である自律神経機能は確実に機能低下します。この体調調整機能の指標が自律神経機能と言い換えても過言ではありません。自律神経機能は、私たちの全身の神経免疫内分泌代謝機能を調節し、恒常性の維持を行っている中心の機能なのです。

自律神経系には、交感神経系と副交感神経系の二つの成分があり、それぞれ緊張系と癒やし・リラックス系の成分として、独立して動いているというより、お互いに関連しバランスを取って、心身の様々な活動に合わせて調整機能を発揮しています。疲労すると、特に双方のパワー値が低下し、また、副交感神経系の機能低下が強く、バランスが交感神経系優位の緊張パターンが続き、睡眠の質が悪くなり、ますます疲労を助長する負のスパイラルに入ります。

この交感神経系と副交感神経系とは、心電脈波や指先の加速度脈波を周波数解析することによりそれぞれの成分として検出できるので、低周波数成分（0・02－0・15Hz）は主に交感神経系成分、高周波数成分（0・15－0・40Hz）は主に副交感神経系成分として考えることができます。これらの年齢・性差に基づく標準パワー値やバランス比で疲労度を計測するデータベースが作られ、これに基づき、疲労度計が開発されまし

客観的計測：疲労の定量化技術（バイオマーカー）

- **注意・集中力判定法の開発**
  Advanced Trail Making Test（ATMT）
  n-back test、内田クレッペリンPC試験
- **行動評価法の開発**
  モーションキャプチャー法
  アクティグラフ（簡易ジャイロスコープ平衡）法
- **自律神経機能**
  加速度脈波、心電図心拍変動解析

→ 生理学的バイオマーカー

- **血液中・唾液中のバイオマーカーとの相関**
  酸化物質・抗酸化能、代謝物質、アミノ酸、
  血液細胞RNA（DNAチップ解析）、ウイルス

→ 生化学的バイオマーカー

心電図と加速度脈波

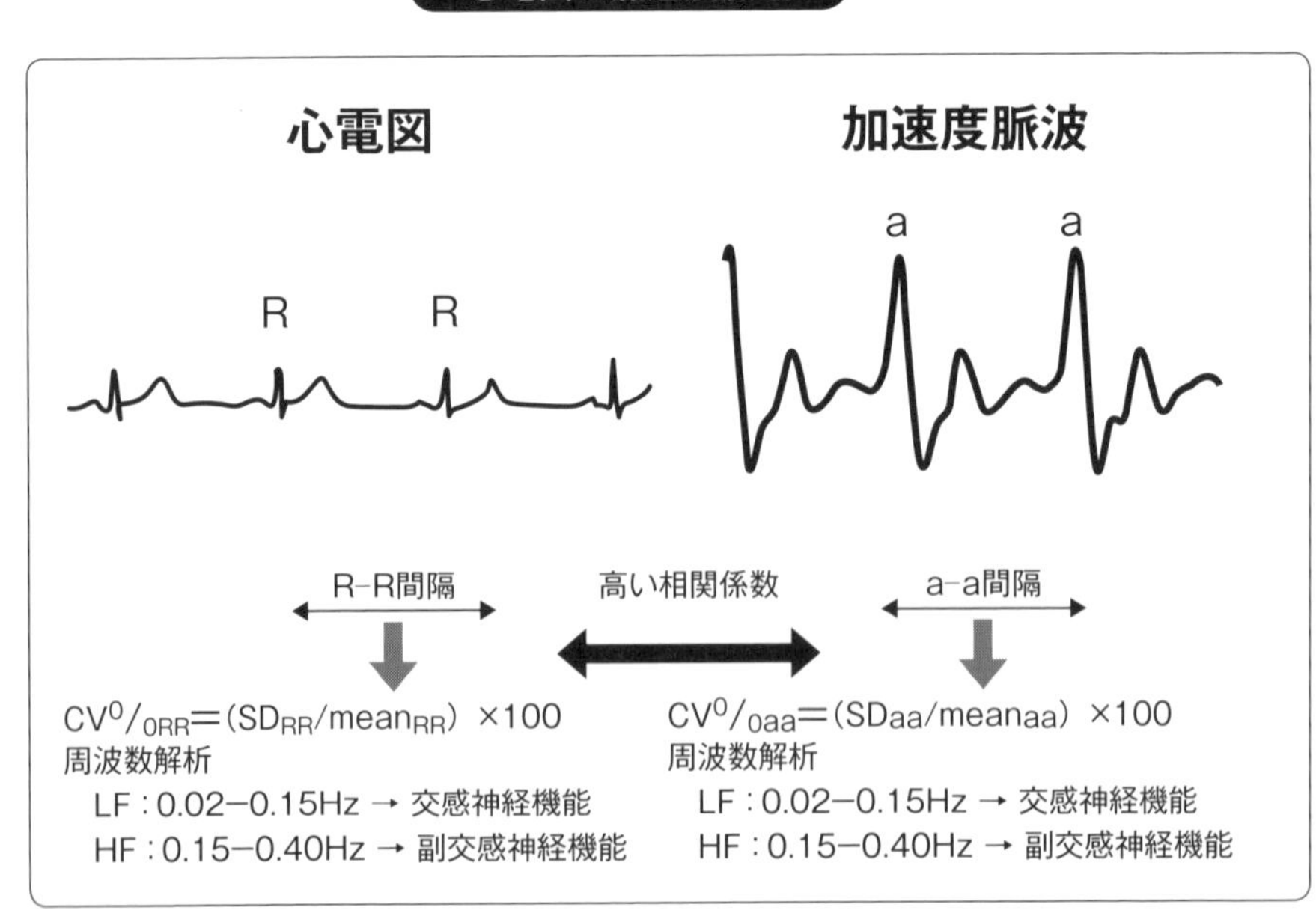

た。

また、もちろん、ヒトも動物も疲労すると自発的行動量が低下します。今や、腕時計型、リストバンド型、指輪型、スマートフォン型など、様々な微活動検出計がありますが、筆者らが2003年に疲労度検出にNASA（アメリカ航空宇宙局）が開発した活動量計アクティグラフを研究に用いたのが最初でした。後段に詳しく書きます。

また、疲労すると集中力や注意力が低下します。大阪市立大学大学院医学研究科の梶本修身特任教授は、疲労研究の当初1995年ごろから、この点に注目し、画面上にランダムに位置する①～㉕の数字を昇順に素早く探索したり、①→あ→②→い→…と数字と平仮名を交互に注意を切り換えながら探索したりと、様々なATMT（Advanced Trail Making Test）の改良版ATMT（modified ATMT: mATMT）法を開発しました。現在は様々なATMT試験がタッチパネルディスプレイなどを活用して行われています。

ATMT 試験

20 身体的疲労を計ろう

活動量から疲労を測る（活動量評価）

前項においても説明しましたが、人は疲れてくると①刺激に対する反応が遅くなる、②思考力が低下して注意力が散漫になる、③動作が緩慢で行動量が低下する、などの変化がみられます。これを利用した活動量評価法としてATMT法（17項などを参照）を紹介しましたが、このほかに〝③動作が緩慢で行動量が低下する〟の行動量の変化をみていくものとして「アクティグラフ」があります。

アクティグラフとは腕時計の形をした歩数計のような装置で、0・01G以上の加速度変化（1秒後に約1000メートル先に到達するほどの動き）が1分間に何回計測されるかを記録して活動量を調べるものです。健常者の場合、覚醒時平均活動量は1分あたり200回を超えることも多く、居眠りはほとんどありません。しかし、CFS患者の場合は、平均活動量が1分あたり200回を大きく下回るとともに一度睡眠に入ると10時間以上睡眠が続く「過眠型」、睡眠に入る時間が遅くなる「睡眠相後退型」、不眠によって断続的な睡眠となる「断続睡眠型」などのパターンがみられます。

グラフを見ると、比較的活動量の少ない健常者の場合、起床時における平均活動量（黒色の部分）は1分あたり179回、睡眠時間（灰色背景の部分）は約6時間で、睡眠時間が短くても一日の活動量はほぼ均一です。

これに対しCFS患者の場合は、起床時における平均活動量は1分あたり126回、睡眠時間は約11時間で、長い睡眠時間をとるとともに、1日の活動量にはムラがあり、また所々に休んでいる時間もみられます。

アクティグラフによる１日の活動量の推移（例）

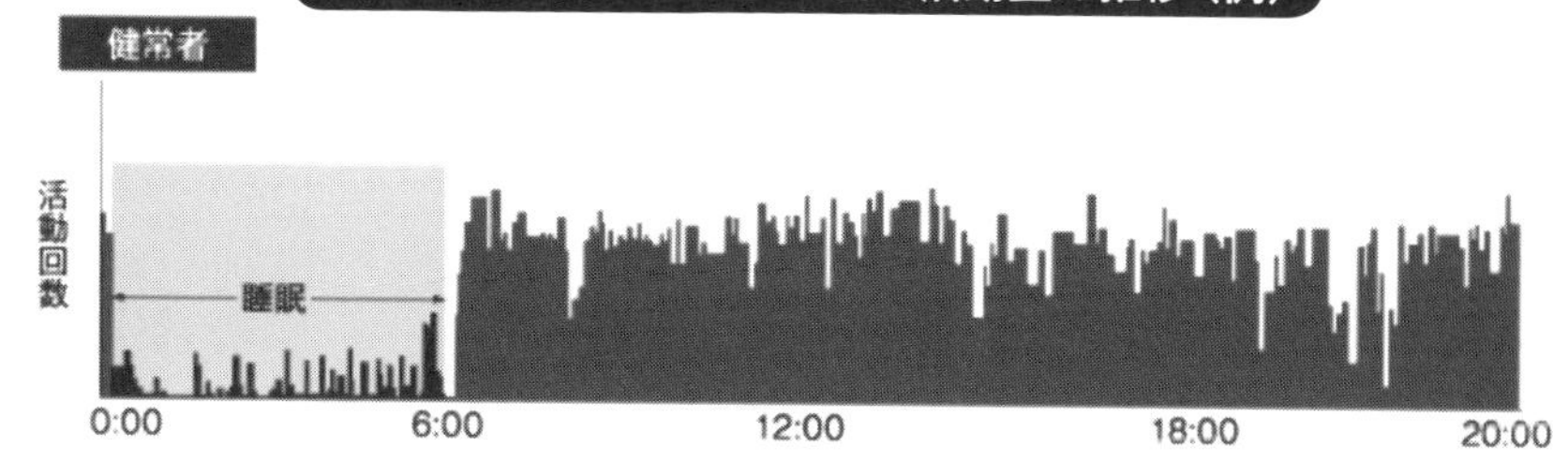

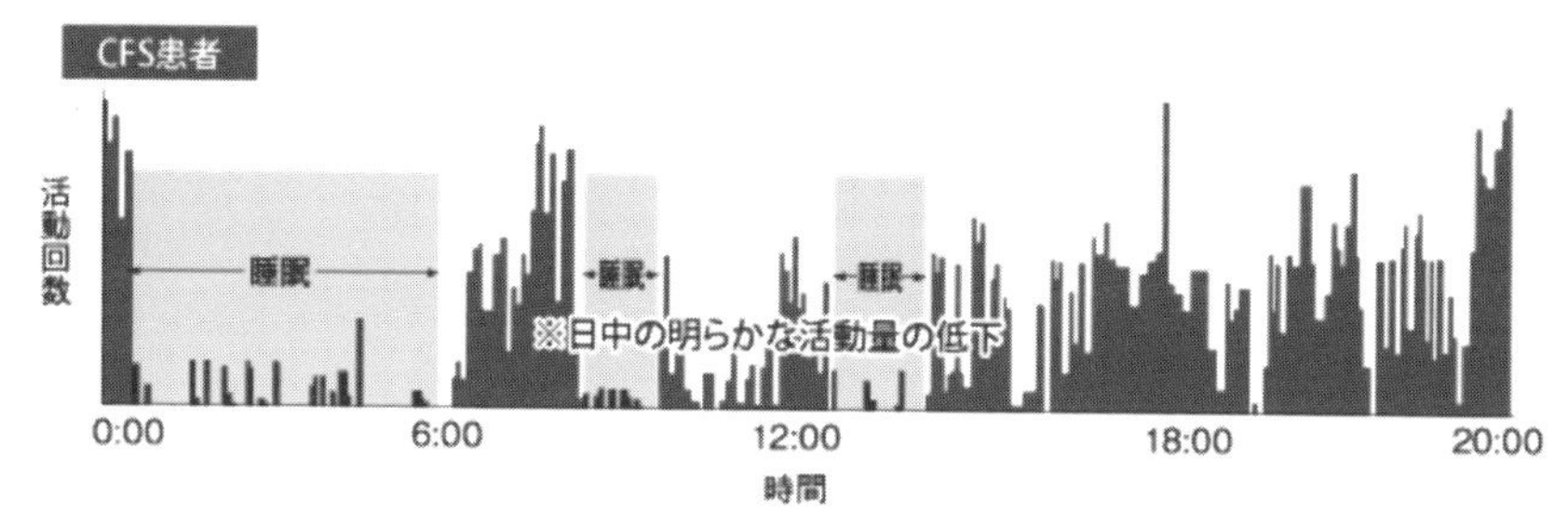

●健常者 ………… 起床時における平均活動量：1分あたり179回　睡眠時間：約6時間
●CFS患者 ……… 起床時における平均活動量：1分あたり126回　睡眠時間：約11時

アクティグラフによる計測

21 睡眠の質を計ろう

睡眠障害と疲労

睡眠は、身体の疲労のみならず、脳の疲労回復にとっても極めて重要な生理現象です。それゆえ私たちは1日約7時間、人生の3分の1にも近い長い時間を、睡眠という一見非生産的な行為のために割いているのです。そして睡眠は、適切な時間（量）に加え、睡眠の深さなどその質も疲労回復の重要な要素と言えるのです。

ところが多くのＣＦＳ患者に、睡眠の質の低下が認められています。健常者では睡眠時に上昇するはずの副交感神経が、ＣＦＳ患者では上昇しない傾向にあることがわかっています。このように副交感神経が生体のリズムに従って正常に活動しない場合では、十分な睡眠時間を確保しても質の良い睡眠が得られないのです。このような自律神経系のバランスの乱れはＣＦＳ患者のほとんどに認められ、それが疲労だけでなく注意力や集中力、思考力の低下にも関係していると考えられるのです。

つまり、休息中の副交感神経の機能低下が、疲労病態における自律神経機能の問題の本質である可能性が考えられます。

睡眠不足と脳機能の低下

脳は膨大なエネルギーを消費する器官であり、その重量は体重の2％程度ですが、身体全体の20％ものエネルギーを消費しています。また、その活動のエネルギーは、ほとんどをブドウ糖に依存し、全身のブドウ糖必要量の約25％を使っていると言われています。

ところが、眠らないこと（断眠）によって覚醒を長

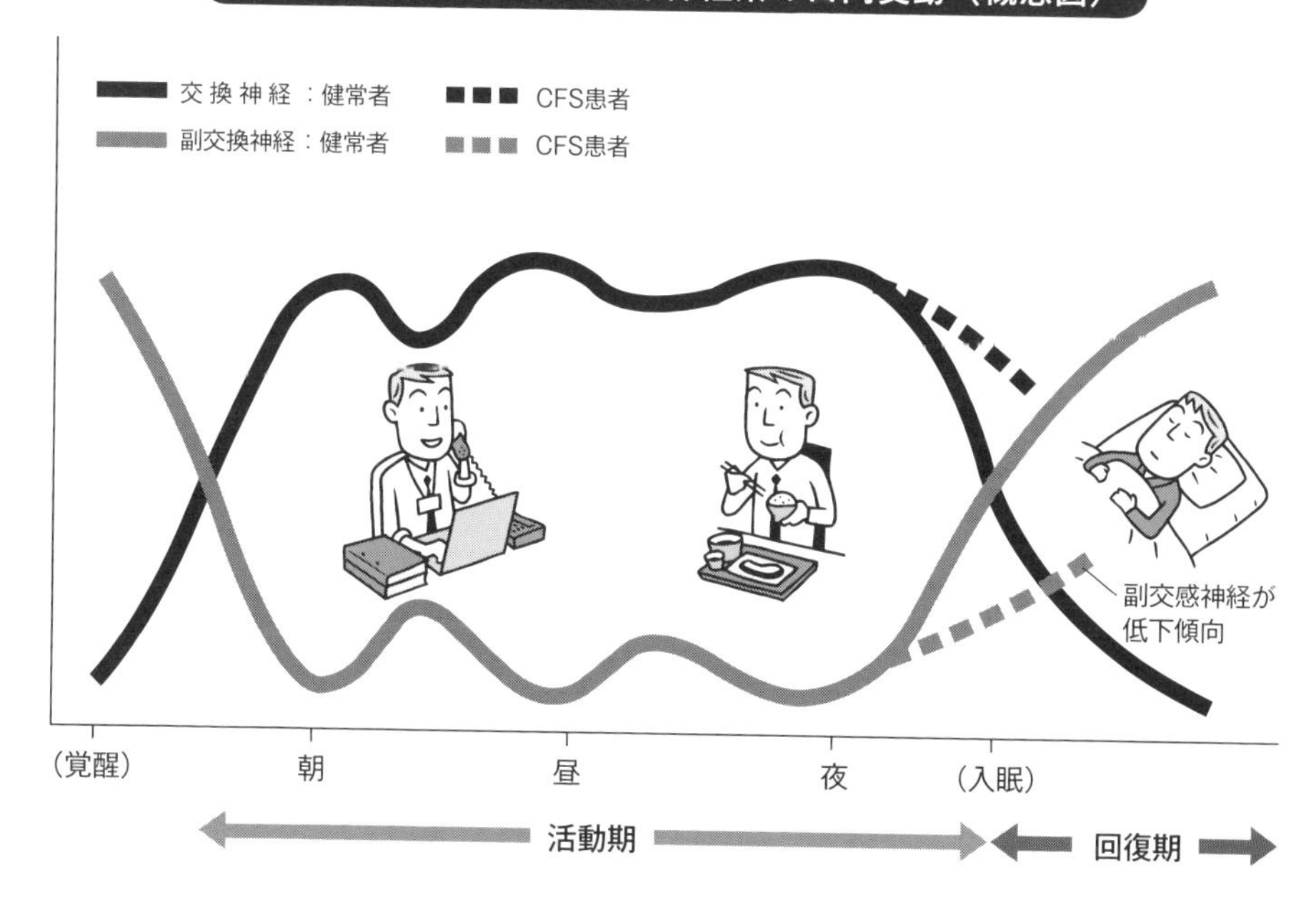

健常者とCFS患者の自律神経系の日内変動（概念図）

く続けると、脳は糖を上手にエネルギーとして利用できなくなってしまうのです。

脳の細胞の糖代謝を、2-フルオロ-2-デオキシ-グルコース（[^{18}F]FDG）という物質を注射してポジトロンエミッショントモグラフィー（PET）で測定することができます。筆者らが、この方法を用いてラットを徹夜続きの状態（断眠）にして、脳の糖利用能を測定すると、断眠前と比較して、1日で約60%、5日間では約40%まで低下していました。このような状態では、脳の神経細胞が疲弊して働きにくくなっていることが考えられます。

ところが、5日間の断眠によって低下した糖利用能は、わずか1日の睡眠によってかなり正常まで回復することがわかりました。この驚異的な回復能力こそが睡眠の持つ本質的な機能だと言えるのです。

断眠疲労による糖代謝の低下と睡眠による回復

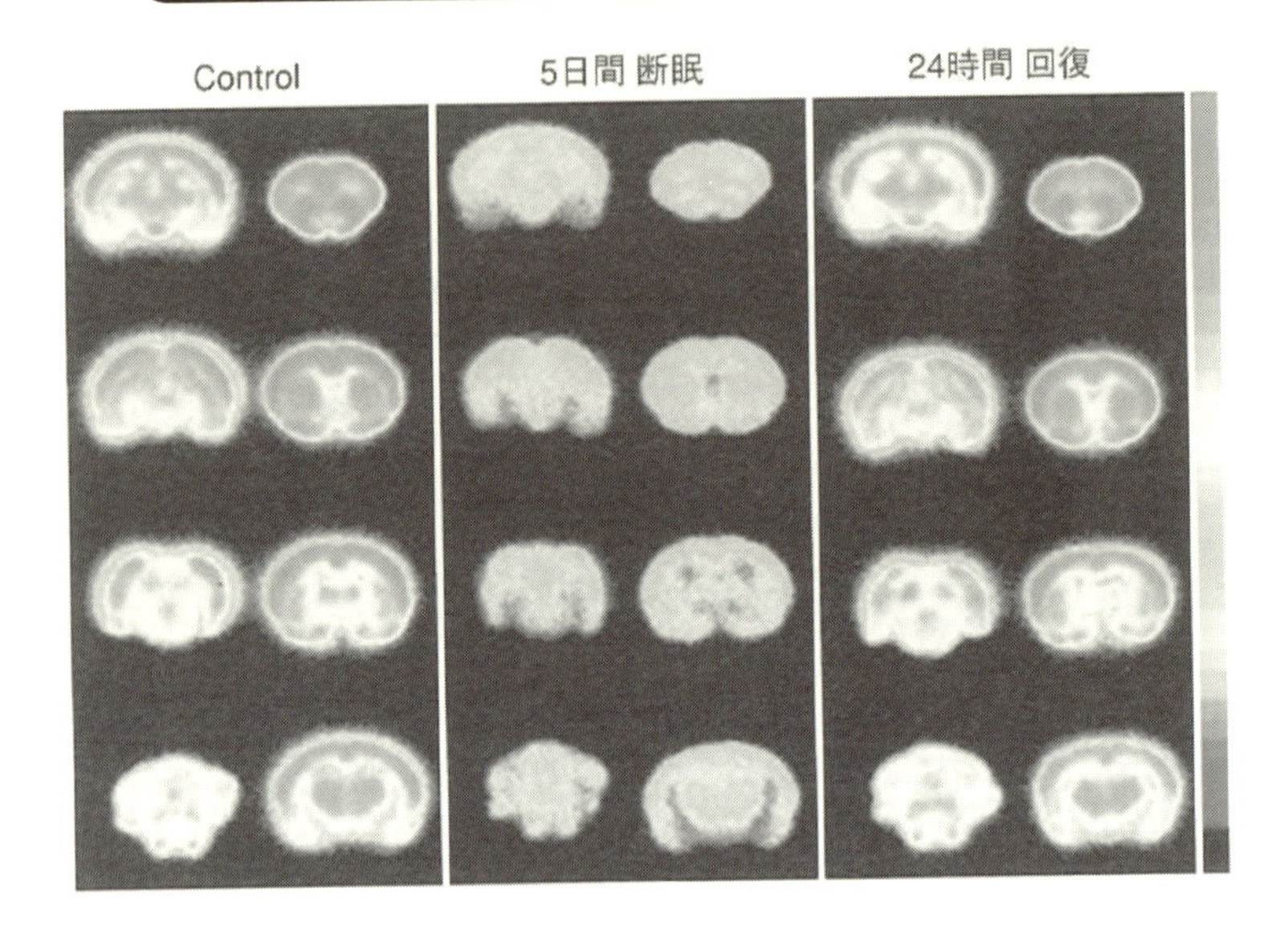

22 疲労の血液中バイオマーカー

疲労感を伝える免疫物質

既に述べたとおり、慢性疲労症候群（ＣＦＳ）の発症に大きく関わっていると考えられるのは、「ストレス」と「感染症（ウイルスの再活性化）」です。ここではウイルスが再活性化した際に免疫系が反応して作り出す免疫物質であるインターフェロンやトランスフォーミング増殖因子（ＴＧＦ-β）、特にＴＧＦ-βに関する興味深い実験を紹介します。

ラットを強制的に水泳させて疲れさせ、その脳脊髄液を採取して疲労していないマウスの髄腔内に投与したところ、マウスの自発的運動が減少したことが京都大学の研究グループにより報告されています。このとき転移した物質を同定すると、ＴＧＦ-βにおける5種類のサブタイプ（ＴＧＦ-β1～ＴＧＦ-β5）のうちのＴＧＦ-β3であることがわかりました。この結果に加え、ＴＧＦ-β3を使って行った疲労に関する試験から、疲労感の伝達にはＴＧＦ-β3が関与している可能性の高いことが示唆されます。

また、ＣＦＳ患者についての検討でも、血液中のＴＧＦ-βが有意に上昇していることが確認されています。運動に伴う生理的な疲労では、運動を止めて安静にしているとＴＧＦ-βの産生が次第に減少し、疲労感の伝達の減少に伴う疲労感の回復が得られると思われますが、ＣＦＳ患者では安静にしていてもＴＧＦ-βの減少は見られません。これが、〝いくら寝ても疲れがとれない〟というＣＦＳ患者特有の疲労感につながっていると考えられます。

トランスフォーミング増殖因子の実験

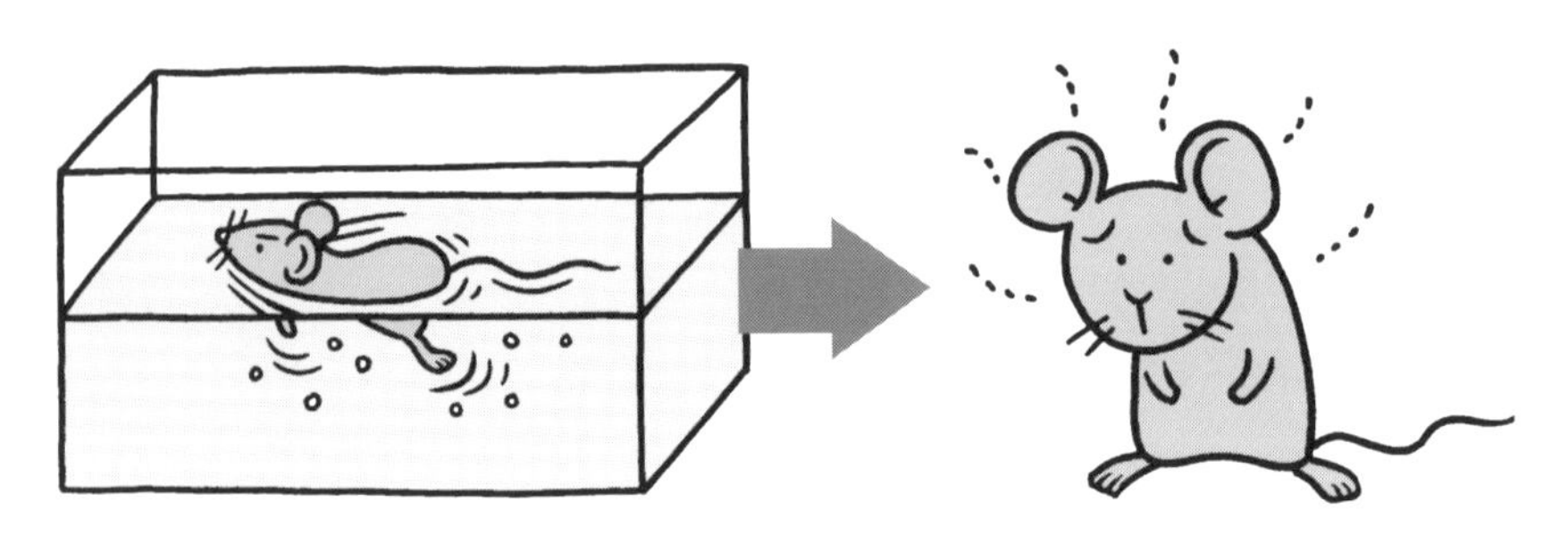

疲れた後の脳脊髄液を採取し、疲れていないマウスの随腔内へ注入すると…、自発的運動が減少する。

乳酸は疲労原因物質ではない！

かつて乳酸は、疲労原因物質と考えられてきました。筋肉の中では疲労回復を遅らせ、これが血流に乗って脳に至ると、筋肉の疲労を知らせるシグナルであるとともに脳の疲労物質になると考えられ、やり玉に挙げられていました。しかし、ここ10年ほどで乳酸は疲労原因物質ではないことが判明してきました。

脳神経系において、乳酸は神経細胞周辺の神経細胞への栄養補給などを担うグリア細胞によってつくられて神経細胞に供給されることが明らかになっています。神経細胞が急激な活動などで緊急にエネルギーを要するときには、ブドウ糖だけでは間に合わないために、乳酸も使われることがわかっています。また筋肉においては、乳酸の蓄積において生じる軽度のアシドーシス（酸性化）は筋肉活動の妨げとはならず、むしろ筋肉活動の促進・保護作用を持つことが明らかになっています。

乳酸は確かに激しい筋肉運動により筋肉内や血液中

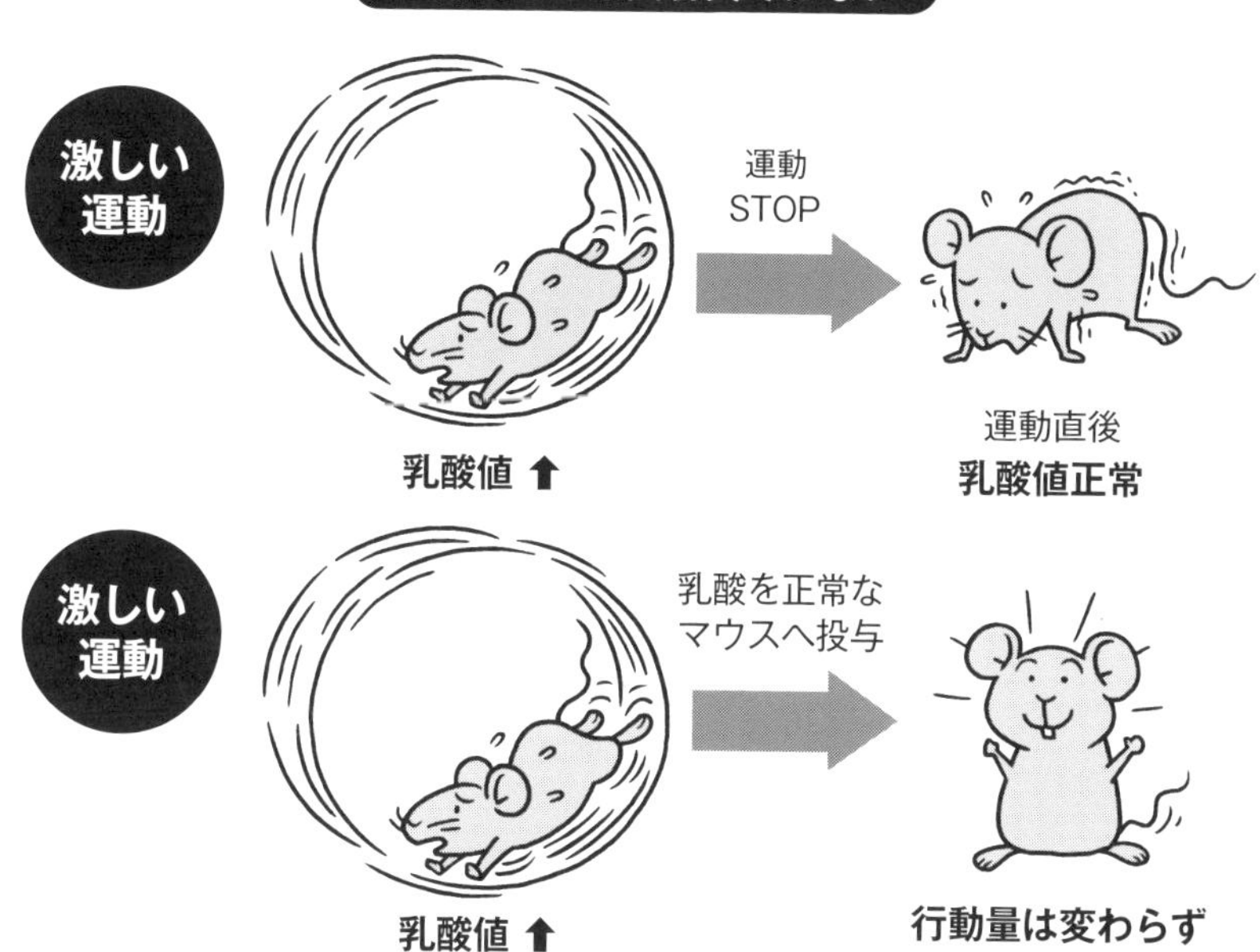

で上昇しますが、その増加は一過性で疲労の時間経過とは合わず、また、疲労の程度にかかわらず血液中で上昇します。さらに、乳酸を動物に投与しても疲労状態を生じさせることができないことも明らかになっています。これまでの一部の実験のやり方が悪く、乳酸を中和せずに用いると細胞傷害が起こりますが、生体内では、炭酸バッファーなど多くの中和系が働いてそんなに酸性にならないようになっているのです。

活性酸素（酸素ラジカル）と疲労

疲労を細胞代謝の側面から捉えると、究極の疲労因子として活性酸素（酸素ラジカル）が考えられます。中枢神経活動やエネルギー産生のための呼吸など、生命活動を行う中で多くの活性酸素が産生されますが、細胞が若く健全であれば、グルタチオンやアスコルビン酸（ビタミンC）などの体内還元物質（抗酸化物質）が有効に機能し、活性酸素を速やかに処理します。ところが老化状態や慢性疲労・過労・CFSなどでは、この体内還元物質の作用が低下し、十分に活性酸素を除去できないために酸化タンパクや過酸化脂質が増

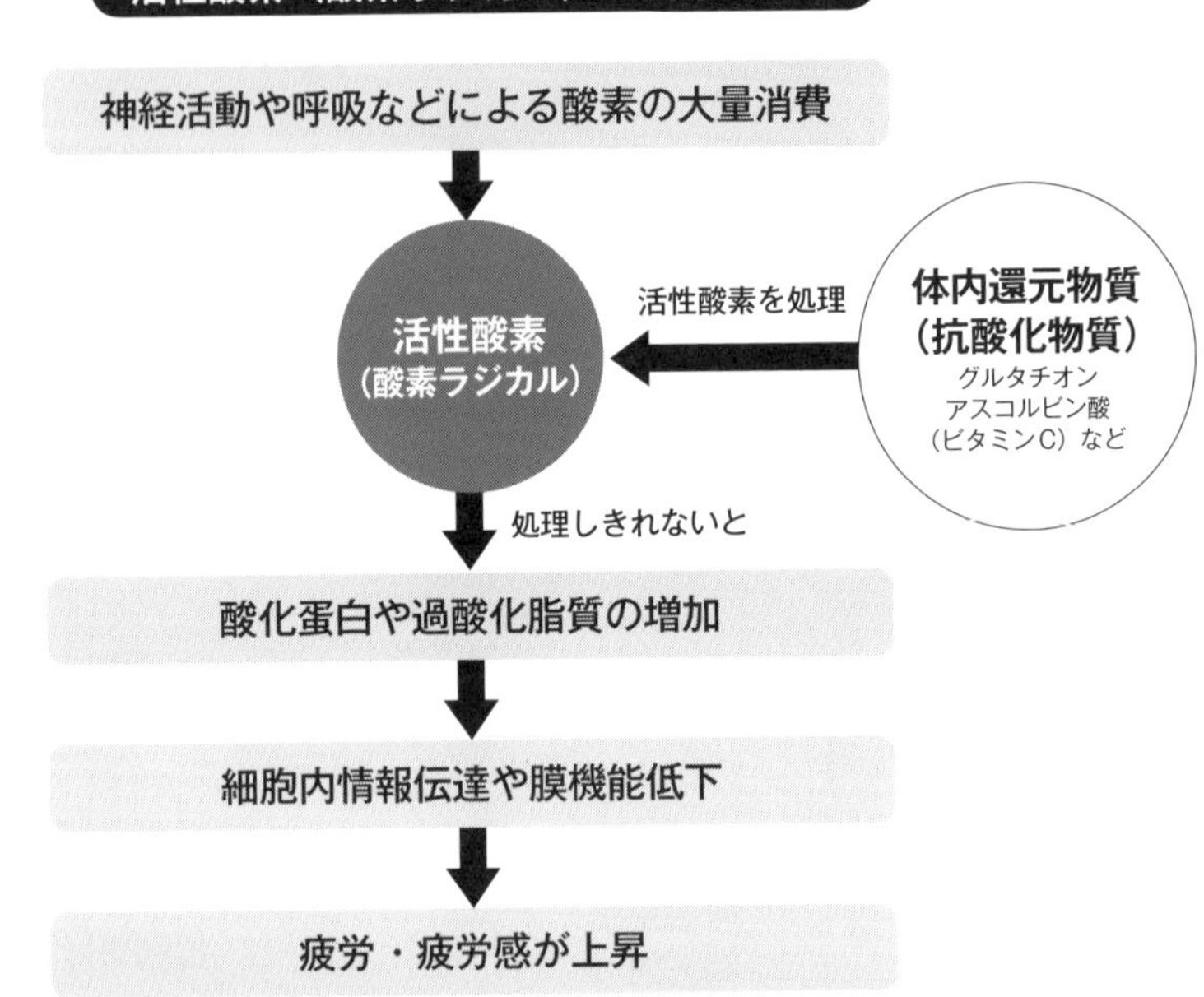

え、細胞内情報伝達、遺伝子発現、細胞膜や種々の細胞内膜機能が衰え、疲労や疲労感が増してくると考えられるのです。つまり、疲労からの回復因子としては、これらの還元系という考えも成り立ちます。実際に、CFS患者に大量のアスコルビン酸を投与したところ奏功したという症例もあります。

紫外線と疲労

海水浴などで、暑い日差しの下で座っていただけなのに疲れてしまったという経験をした人も多いのではないでしょうか。これは、日光に含まれる紫外線の作用による現象です。実は、紫外線が疲労と関係していることが最近の研究でわかってきており、それは「眼」が媒介役を果たしていたのです。

近年の研究では、皮膚などの体表組織だけでなく眼も紫外線情報を感知し、三叉神経や視神経を介して脳免疫統合系を作動させ、皮膚（表）、消化管（裏）、免疫系（内部）などを制御していることがわかってきました。この機構は、疲労とも深く関わっています。

紫外線にはいくつかの種類がありますが、疲労に関

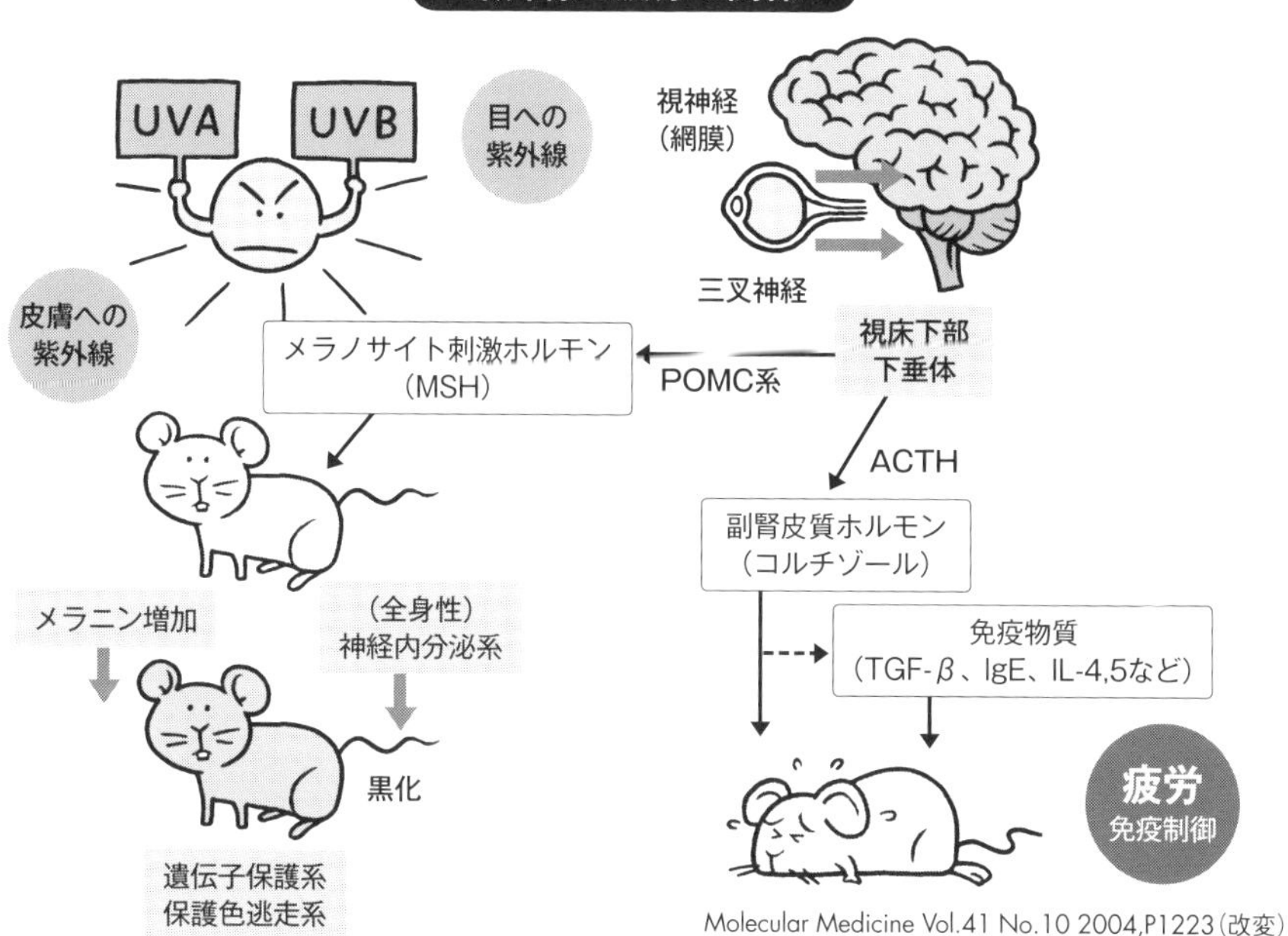

Molecular Medicine Vol.41 No.10 2004,P1223（改変）

係しているのはＵＶＡ（ＵＶＢほど有害ではないが、長時間の暴露で健康被害が懸念される。波長：315〜400ナノメートル）とＵＶＢ（ほとんどはオゾン層など大気層で吸収されますが、一部は地表に到達し、皮膚や眼に有害で、日焼けや皮膚ガンの原因となります。波長：280〜315ナノメートル）です。眼から体内に入り込んだＵＶＢは三叉神経を介して、ＵＶＡは視神経（網膜）を介して脳内の視床下部という部位に信号を送り、脳下垂体を刺激します。このとき脳下垂体はメラノサイト刺激ホルモン（ＭＳＨ）や副腎皮質刺激ホルモン（ＡＣＴＨ）など種々のホルモンを産生分泌し、これらのホルモンを介して、肌や内臓の黒化や、免疫病態や疲労状態が惹起されるのです。

23 疲労の唾液中バイオマーカー

唾液から疲労を測る

ヒトのヘルペスウイルス（HHV：Human Herpes Virus）は、現在までに8種類が発見されており、いずれのウイルスも初感染増殖後は、ウイルス遺伝子が唾液腺等に生涯保持される潜伏感染状態になります。そして、疲労の蓄積に伴って体の免疫力が低下するとウイルスが再活性化し、帯状疱疹や口唇ヘルペスなどを引き起こします。なかでも、知恵熱の俗名でも知られる突発性発疹の原因ウイルスであるHHV-6（ヒトヘルペスウイルス6）は、ナチュラルキラー（NK）細胞を含むあらゆるリンパ球を抑制する能力があることが報告されています。このHHV-6の唾液中の活性化を調べることで、免疫力の低下がわかるとともに、疲労の程度を推定できる可能性があります。

図は、通常労働者（ほとんど残業がないグループ）と、重労働者（残業が多いグループ）を対象に、短期的な疲労ではなく、中期的な疲労による唾液中のHHV-6ウイルスのDNAを定量的に測定して再活性化の状況を調べたものです。測定の結果、重労働者においてHHV-6の再活性化の顕著な上昇がみられ、これが休息後では減少することがわかりました。また、休息後にもHHV-6の再活性化がみられた人では、自覚的な疲労感が強いことが判明し、これらの人では十分な休息がとれていなかったことが示唆されました。

なぜ疲労によりヘルペスウイルスは再活性化するか

HHVは現在までにα、β、γの3亜科（系統）に大別される8種類が発見されており、いずれも宿主の

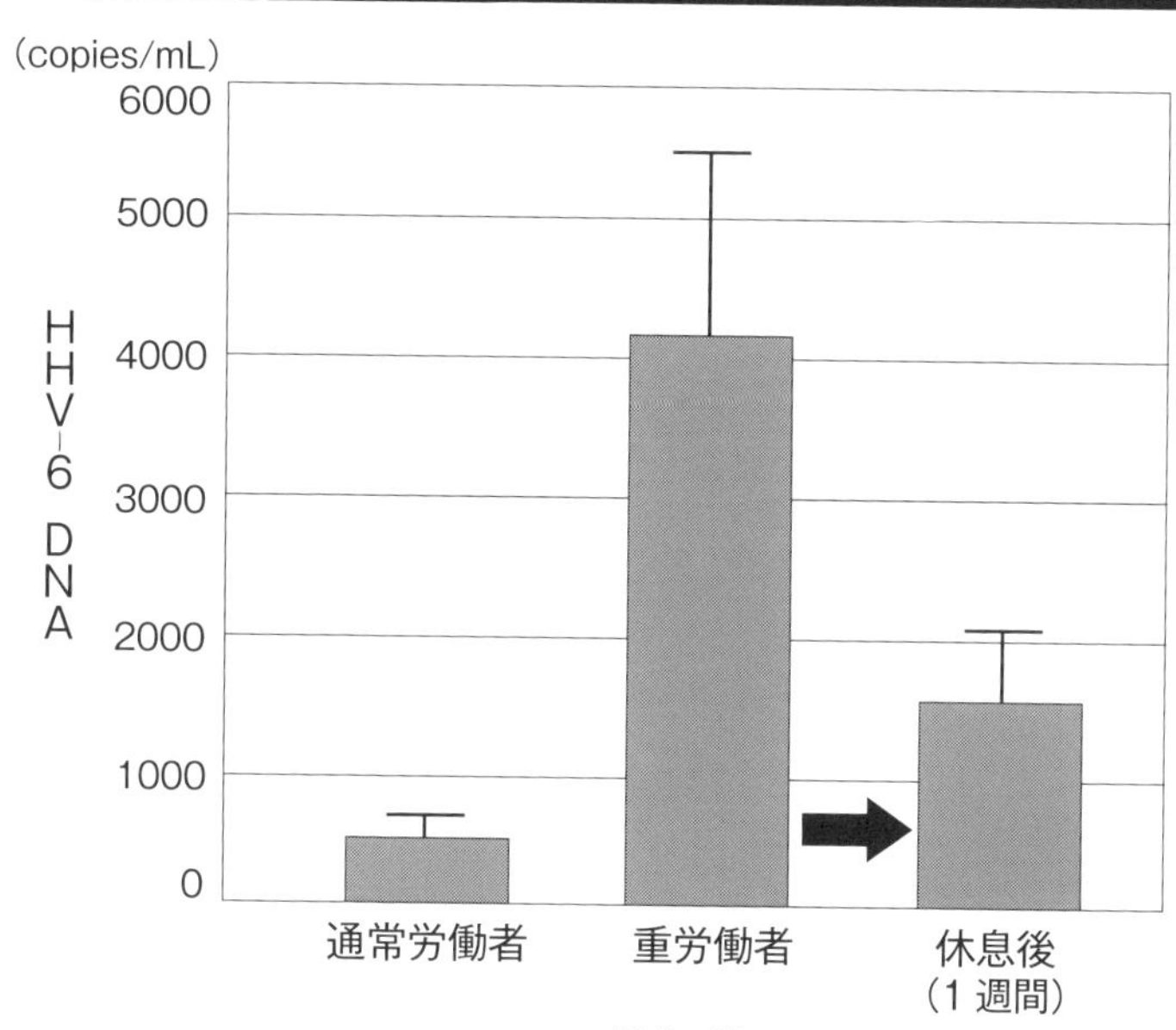

近藤一博：医学のあゆみ228(6)、p664～668、2009改変

体内に長く潜伏感染することによって、自らの生存を有利にしようとする生存戦略をとっています。そして、潜伏感染している宿主が疲労にさらされたりするなど、宿主が生存の危機に瀕していることを感知すると、他の安全な宿主に乗り移ろうとして、自律的な再活性化を行います。これはあたかも、船底に潜むネズミが、船が危険に陥っているのをいち早く察知し、逃げ出すさまにもたとえられます。潜伏感染するウイルスはレトロウイルス（エイズウイルス等）やアデノ随伴ウイルス（病原性はないとされている小型のウイルス）などいろいろありますが、自律的に自分の力で再活性化を生じるのはHHVだけなのです。

HHVの再活性化という現象は、一般的に疲労によって免疫力が低下することが原因と説明されることが多いのですが、これは免疫抑制状態の患者から再活性化ウイルスが高頻度で検出されるからなのです。ところがこの現象は、再活性化したウイルスが免疫抑制状態では〝増殖しやすい〟ために起こることであり、HHVの再活性化はむしろ免疫物質サイトカインの過剰産生によって誘導される傾向があります。

ヘルペスウイルスの再活性化

ヘルペスウイルスが宿主の危機を感知して再活性化を行うことは、船底に潜むネズミが船の危険をいち早く察知して逃げ出すさまにもたとえられる。

疲労のメカニズムは不明な部分が多いのですが、インターフェロンやサイトカインの大量投与によって非常に強い疲労感が誘導されることが知られています。HHVの再活性化と疲労とは、何らかの共通するサイトカインや付随する因子を介して密接につながっている可能性があります。東京慈恵会医科大学の近藤一博教授は、最近、この再活性化につながる新しい因子である「疲労因子」（Fatigue factor, FF）を数種発見しています。

一口メモ

血液検査よりも簡便な唾液検査は利便性が高い。

24 疲労度計の開発

人差し指で疲労を測る（加速度脈波）

脈波とは、心臓から末梢に送り出された血液が血管に及ぼす振動によって発生する波形です。指先の脈波（指尖容積脈波：DPG digital plethysmogram）は自律神経機能が鋭敏に反映されるため、これを計測することにより疲労を評価することができます。

ただし、DPGは得られたデータをグラフ化しただけでは、不明瞭・不安定で単調な波形であるため、これを2回計算処理（微分）した「加速度脈波（APG：acceleration plethysmogram）」を用いて解析します。APGの波形はa、b、c、d、e波の5つの成分からなります。この波形のaから次のaまで（a-a間隔）は皆さんが健康診断でも経験する心電図検査におけるR-R間隔とほぼ一致します。心電図検査はベッドに横たわっての検査となるため、普段の生活の中で気軽に測定することが困難ですが、開発された疲労度計は両指を装置に入れることで測定が可能なため、仕事の合間などオフィスでも気軽に測定ができます。また、この装置は、脈波／加速度脈波のみならず心電波を同時に計測することで、計測の精度をより高めることに成功しました。a-a間隔およびR-R間隔の周波数解析により、0・02～0・15Hzの低周波成分（LF：low frequency）は主に交感神経機能を反映し、0・15～0・40Hzの高周波成分（HF：high frequency）は副交感神経機能を反映していることが明らかにされています。

さらに低周波成分／高周波成分の比（LF／HF）は、自律神経機能バランスを評価することができます。CFS患者では、疲労感が高度なほどHFが低下、つまり副交感神経機能が低下し、一方ＬＦは健常者とほとんど差がないためにＬＦ／ＨＦが上昇し、相対的に交感神経が高ぶっている様子が伺えます。

最近では、より小型化した疲労度計の開発もできています。小型化することで小児の自律神経機能評価の精度も高まります。また、本装置はインターネットを通したクラウド上でデータの管理を行うため、たくさんのデータを蓄積することが可能です。数日、数週間、数ヶ月と、継続的な日々の自律神経機能評価に適しています。

疲労の強さと自律神経機能バランス乱れ

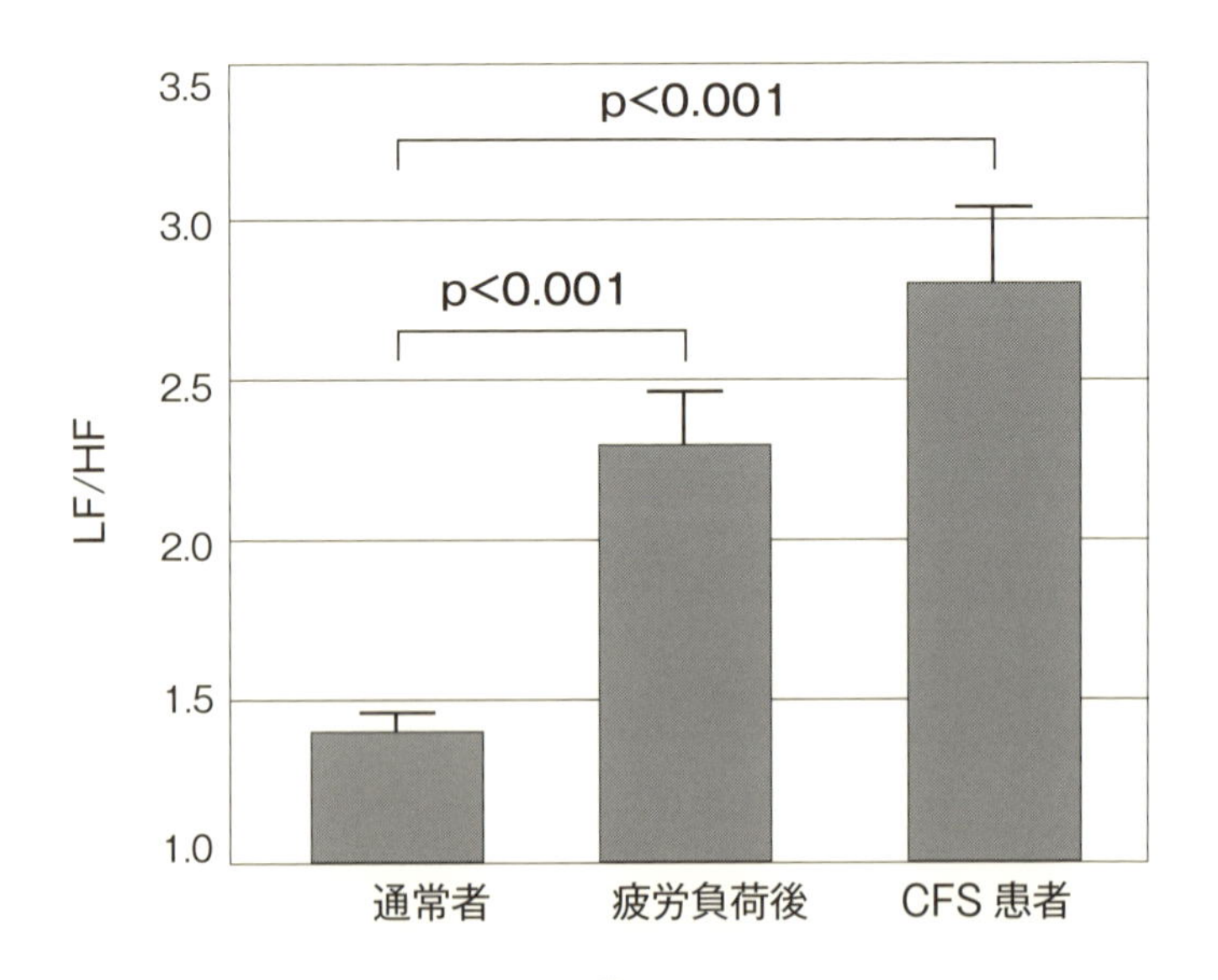

疲労度計

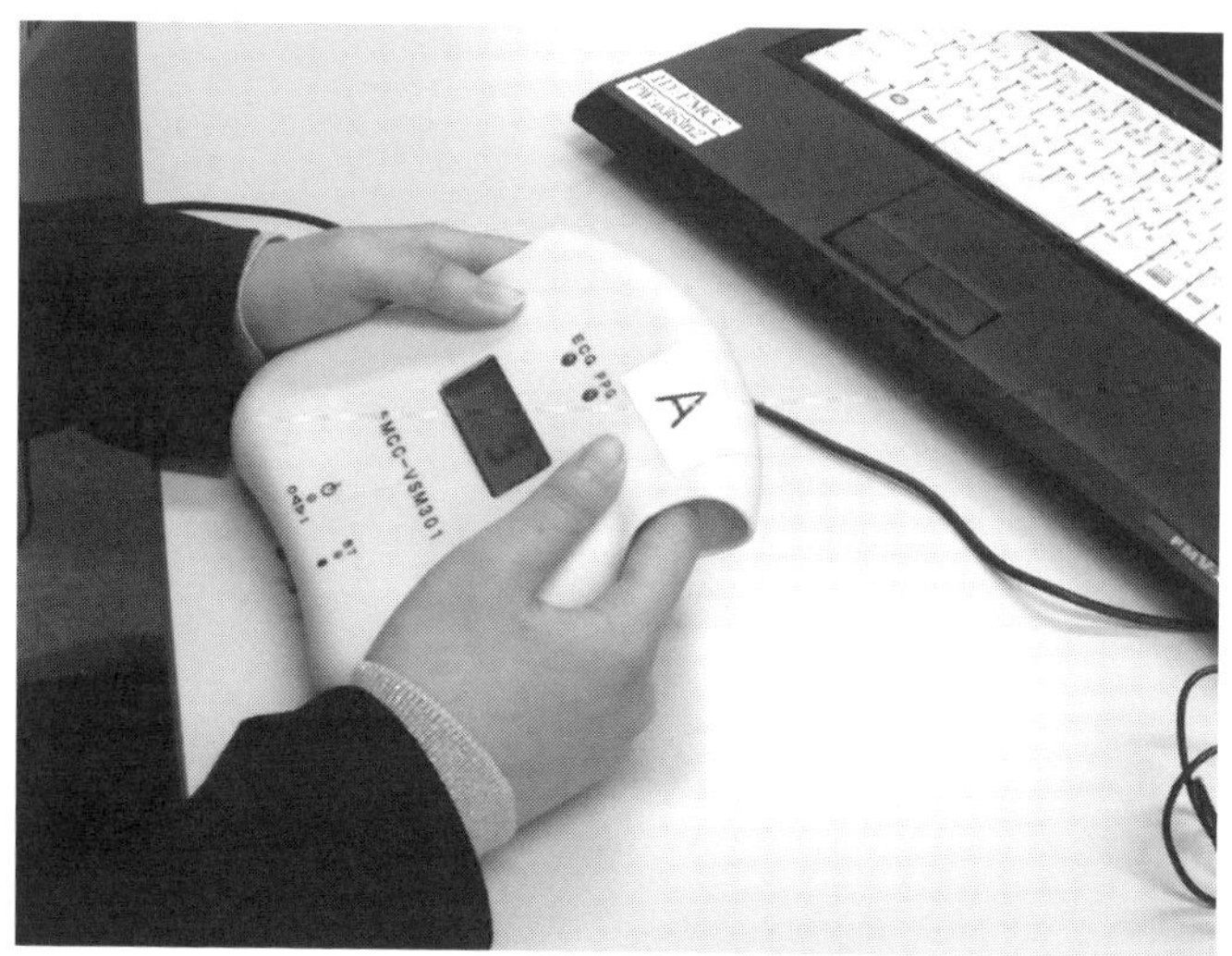

簡便かつ高精度に心電波と脈波／加速度脈波を同時に計測し、自律神経活動を評価できる

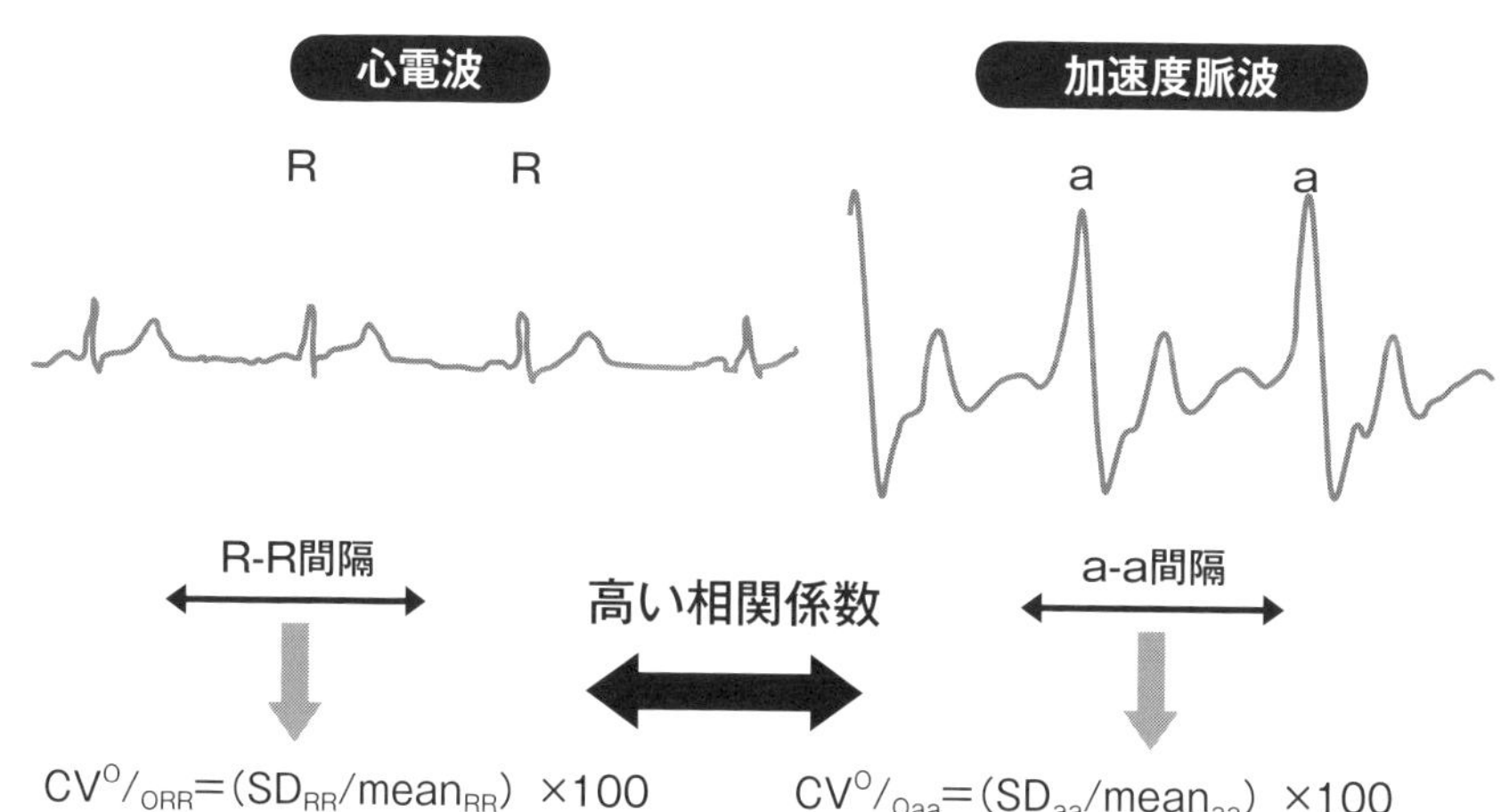

$CV\%_{RR}=(SD_{RR}/mean_{RR})\times100$

周波数解析

LF：0.02－0.15Hz→交感神経機能

HF：0.15－0.40Hz→副交感神経機能

$CV\%_{aa}=(SD_{aa}/mean_{aa})\times100$

周波数解析

LF：0.02－0.15Hz→交感神経機能

HF：0.15－0.40Hz→副交感神経機能

Column

水・空気・光プロジェクト

私たち生命体に必須のものは、水、空気、そして光です。健康にとって、より良い質の水、空気、光が基本となります。疲労回復・過労予防に関しても、この生命体に必須の３要素の有効性改良プロジェクトを推進しています。

まず、水は、疲労のメカニズムから細胞部品のサビ付き、すなわち、酸化を抑えるために、水素水などの還元系を含んだ水が有効と考えられます。筆者らとメロディアン株式会社との共同研究によれば、高濃度溶存水素水（0.8 − 1.2 ppm の水素濃度）一日 600 ml を４週間摂取し続けた場合、眠気および緊張感の軽減効果、意欲及びリラックス感の向上効果等自律神経機能に対する良い効果が確認でき、作業効率の低下を軽減させたことから抗疲労効果が明らかになりました。高濃度水素水の人体への安全性も確認されました。一方、株式会社日本トリムとの共同研究では、電解水素水の物理化学的性質、体内動態、抗酸化特性や疲労軽減効果を調べており、どのような未病状況を軽減するのかも含めて、大規模な共同研究を進めています。空気は、主に、空調関連で、これも筆者らはダイキン工業株式会社と連携研究センターを作り、私たちの空間環境の温度湿度制御の詳細と健康計測を元に、より健康に資する空調環境を模索している。光に関しては、本文の中でもエコナビスタ社や家電企業との共同研究などで、LED 照明による様々な色が私たちの自律神経系を調整するのに役立つ情報も得ています。

この「水・空気・光プロジェクト」は広がっていき、大きな健康維持・増進のテーマとなって、総合的に産業界との大連携が可能な発展分野となってきています。

第3章

子どもと高齢者の疲労

25 日本・世界の少子高齢化

この調査資料からは、日本の少子高齢化社会は世界の先陣を切って訪れる問題であることがわかります。1950年は、15歳未満の人口は全体の35・4%、65歳以上の人口は全体の4・9%であったのに対し、2000年には、15歳未満は14・6%、65歳以上は17・4%と、高齢者の数が子どもの数を上回っています。さらにこの少子高齢化現象は加速度的に進み2020年には、15歳未満は11・7%、65歳以上は29・1%、2050年には、なんと15歳未満は9・7%、65歳以上は38・8%と、全体の約4割が高齢者になる超少子高齢化社会を迎えようとしています（**図2**）。

総人口数は、1950年の約8400万人から2000年の約1億2700万人と増加し続けましたが、2020年には約1億2400万人、2050年には約9700万人と1億人を下回る人口数になることが

世界の先陣を切る日本の少子高齢化

国際連合の調査資料（World Population Prospects: The 2015 Revision 提供元：総務省統計局「世界の統計 2016」http://www.stat.go.jp/data/sekai/0116.htm）からは、世界と日本における総人口数や人口構成比の動向を知ることができます。日本と同様に、他の先進国も少子高齢化社会の問題に直面してきています。先進国全体における2000年の15歳未満の人口は全体の18・2%、65歳以上は14・3%ですが、2020年には15歳未満は16・4%、65歳以上は19・4%と高齢者比が上回ります。2050年には15歳未満は15・7%、65歳以上は26・5%と、この先、さらに少子高齢化社会が進んでいくことが示されています（**図1**）。

図１　先進国の人口構成比

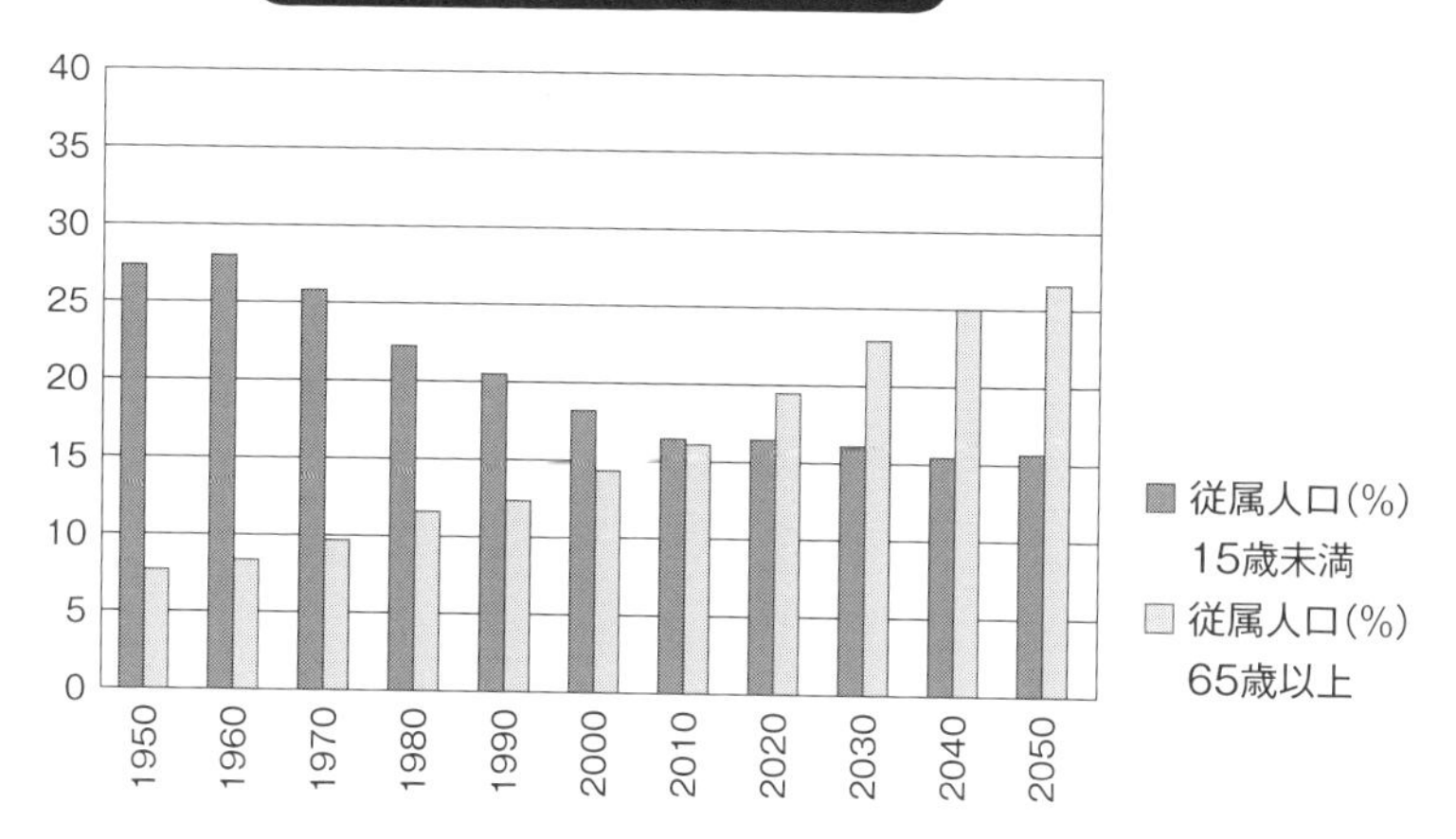

図２　日本の人口構成比

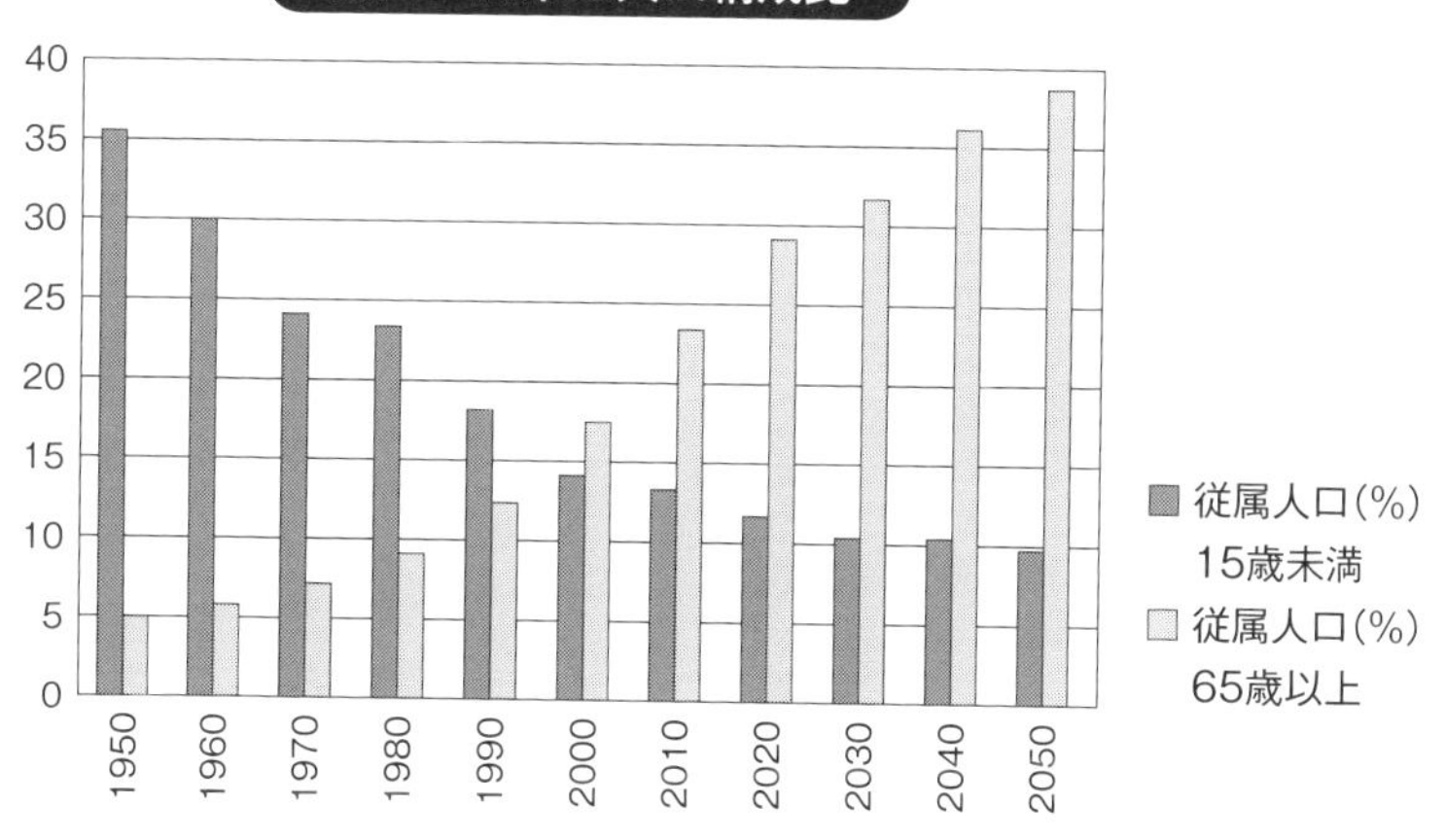

図３　日本の総人口

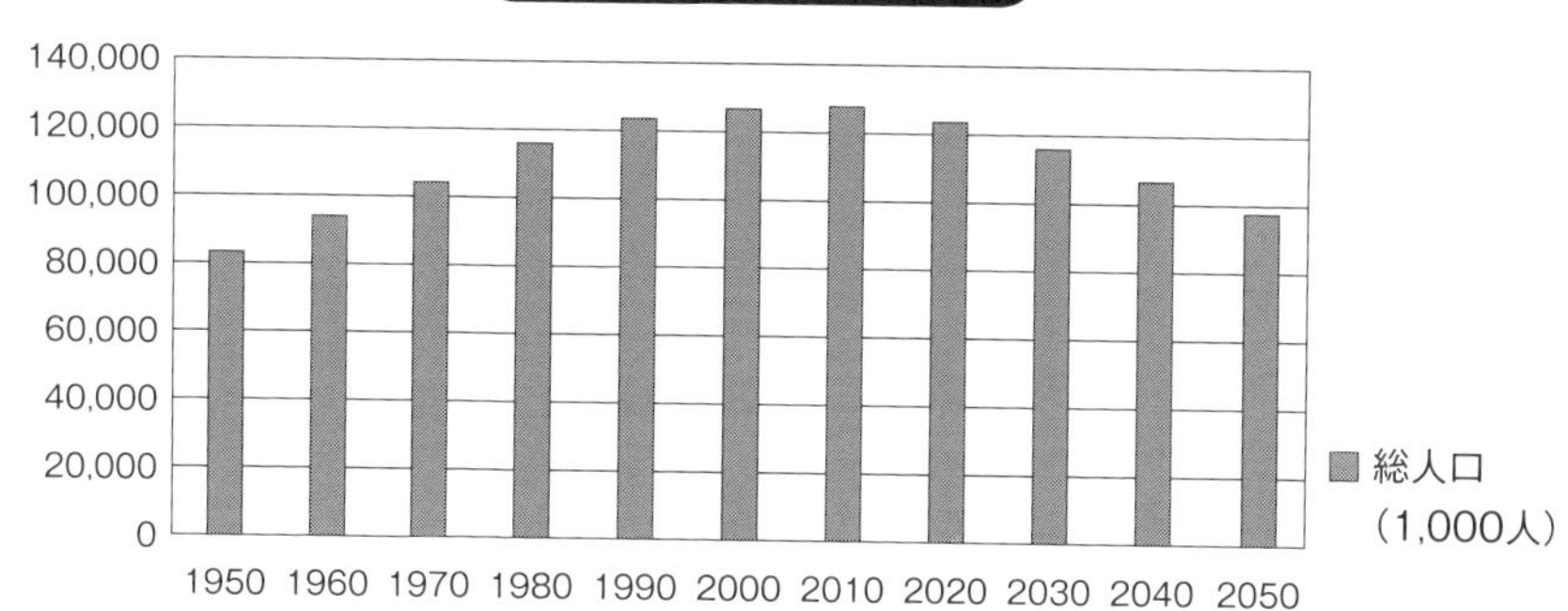

図４　先進国の総人口

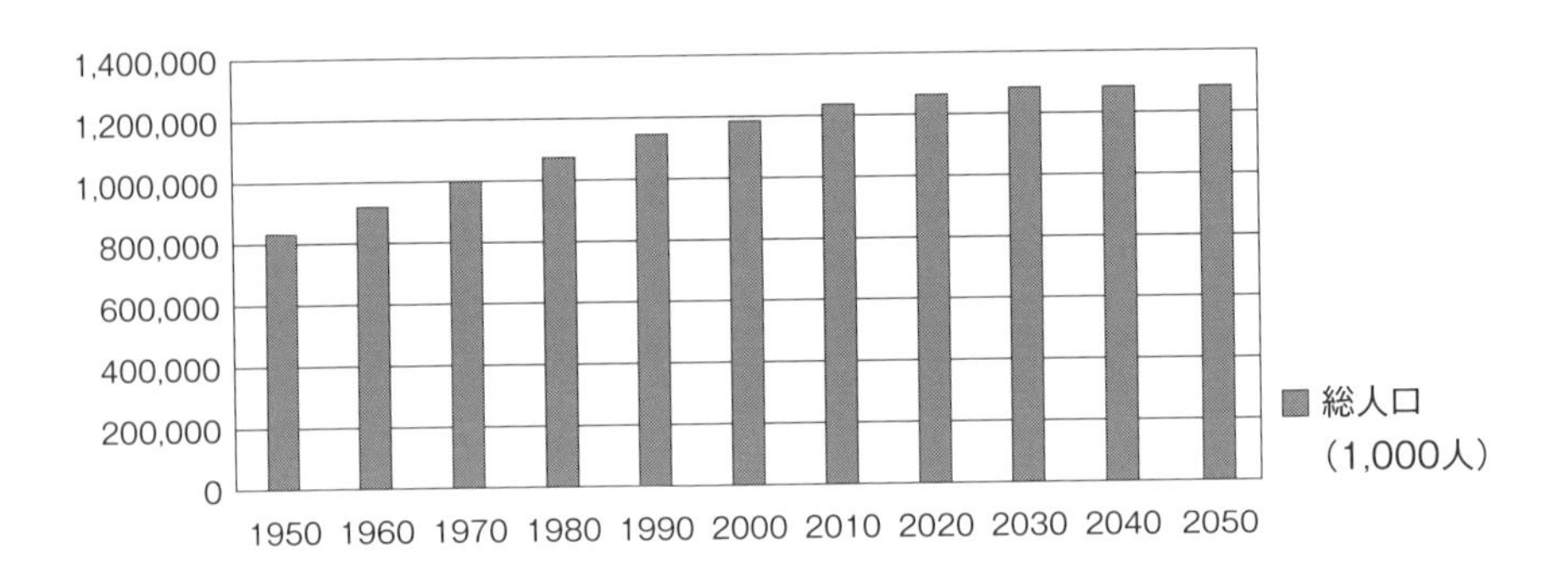

予想されています（図３）。先進国全体では、２０２０年の約12億２７００万人から２０５０年の12億２９００万人への推移と日本のように総人口数が極端に減少することはありません（図４）。

少子高齢化社会の弊害

日本の超少子高齢化社会における総人口数の低下は労働人口の低下を意味し、さらに、高齢者にかかる莫大な医療費による日本の経済力の低下、国力低下が懸念されています。慢性疲労状態は、さまざまな疾患発症の前段階の「未病」状態であるため、現状の国民の約４割が抱える慢性疲労は、人口構成比の変動に加えて医療費増大のさらなる危険因子です。一方、日本の子どもの慢性疲労も深刻化しており、将来を担う子ども達の健康力低下もまた国力低下に繋がることが懸念されています。よって、子どもが慢性疲労に陥らず健康で意欲的な毎日を過ごすための抗疲労の科学、高齢者における活き活きと健康長寿の生活、ピンピンコロリの生活を送るための抗疲労の科学を至急進めていく必要があります。

26 子どもの疲労～実態～

忙しい現代の日本においては、大人と同じく多くの子どもも疲れています。筆者らの2006年の小学生、中学生に対する調査では、大人の6ヶ月と同じくらいの危険度を持つと考えられる30日以上の疲労を訴える子どもは、小学生で約10%、中学生では約20%もいることがわかりました（**図1**）。そして、最近の2016年と2017年に筆者らにより実施した大阪市淀川区内の23の小中学校における調査結果からは、小学生で約30%、中学生で約46～51%と10年前の調査結果に比べ、疲労している児童生徒の割合が高いこともわかってきました（**図2**）。

では、どうして子どもたちは疲れているのでしょうか。それは、〝脳の働きを維持する〟ために必要な睡眠時間を維持・確保することができない慢性的な睡眠欠乏状態といった背景が存在すると考えられています。このような状態は、子どもたちの生体リズムを破綻させ、脳機能や自律神経機能に異常を引き起こし、慢性的な「時差ボケ」状態をつくり出します。この時差ボケ状態では、本来同期するはずの睡眠覚醒リズム、皮膚温度ではなく身体の深部の温度（深部体温）リズム、ホルモン分泌リズムなどが噛み合わなくなり、体温リズムが混乱したり、朝に分泌されるコルチゾール（ストレスから体を守るのに必須なホルモン）や夕方に分泌されるメラトニンなどの分泌リズムが崩れたりして睡眠の質の低下をきたすことになります。その結果、「小児慢性疲労症候群」（childhood CFS：CCFS）を発症し、活動量の低下に加え、学習意欲の低下や不登校の多発などを引き起こします（**図3**）。

このCCFSの背景となる睡眠欠乏の原因として、不安や緊張を伴う問題（受験勉強、部活での責任ある

図１　継続した疲れを訴える割合

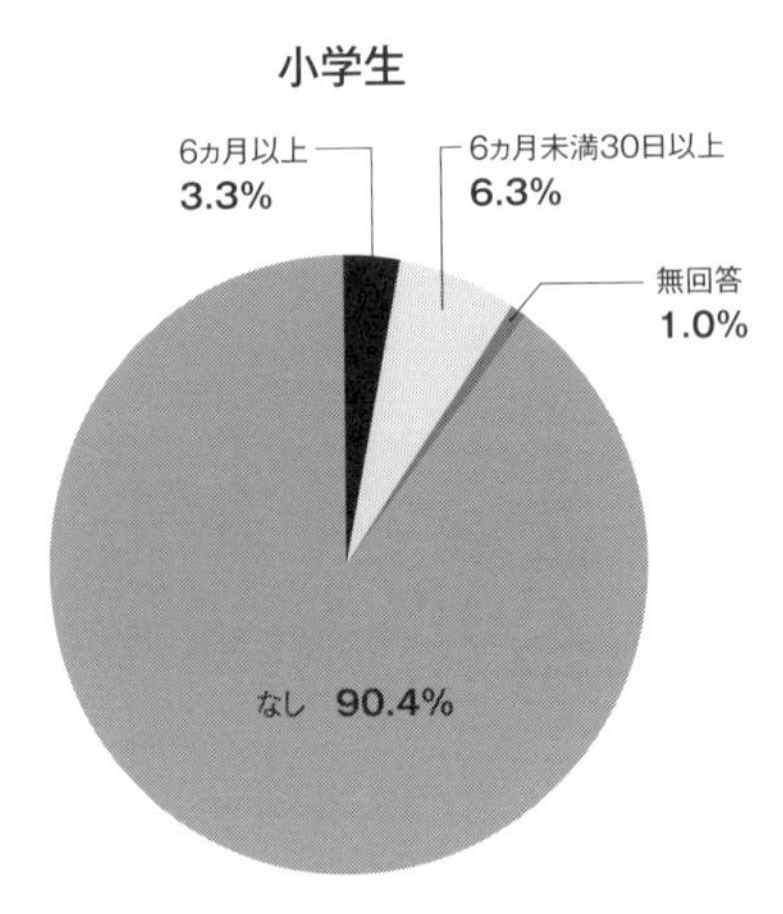

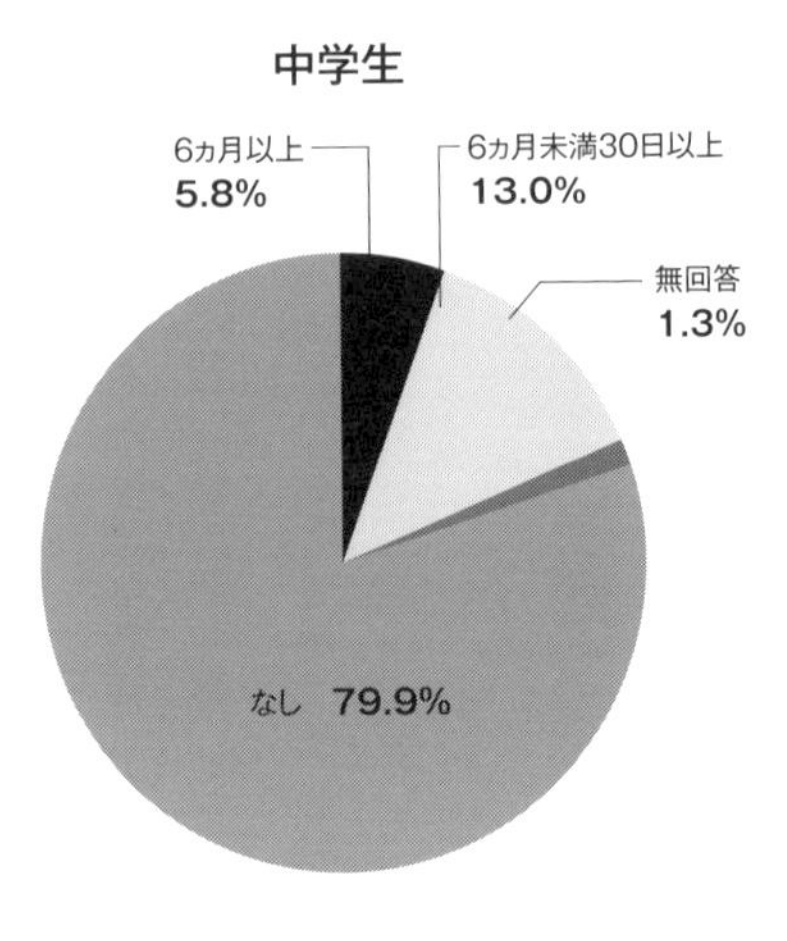

2006年の調査結果

立場、事故・災害の遭遇、いじめ等の人間関係など）、あるいは日常の社会生活習慣（過度のパソコンやテレビ、ゲーム、携帯電話など）があると思われます。

小児慢性疲労症候群（CCFS）の国際診断基準

成人の慢性疲労症候群（CFS）の第一例は、日本では１９９０年に木谷照夫、倉恒弘彦（当時、大阪大学医学部附属微生物病研究所病院）により報告されています。その後、子どものCCFSは主に先進国で認識されるようになりましたが、国際的にはまだ疾患として十分に認知されない状況にありました。

２００１年、熊本大学医学部・三池輝久教授（現・兵庫県立リハビリテーション中央病院子どもの睡眠と発達医療センター）らは、CCFSの診断基準および疲労の程度を評価する指標を作成しました。２００７年に、フロリダで開催された国際慢性疲労症候群学会（IACFS）でこの診断基準案が国際診断基準として認知されました。

CCFSの診断は臨床症状によるもので、３ヶ月以上続く疲労に伴う日常の学校・社会生活の破綻を中心に、睡眠障害、疼痛、認知機能の低下、自律神経症状や免疫機能、ホルモン分泌機能の低下などの評価を行います。日本の診断基準は、より早く対策を立てるために、子どもの場合、三池先生らの取組みにより30日以上続く同様な症状で診断することにしています。

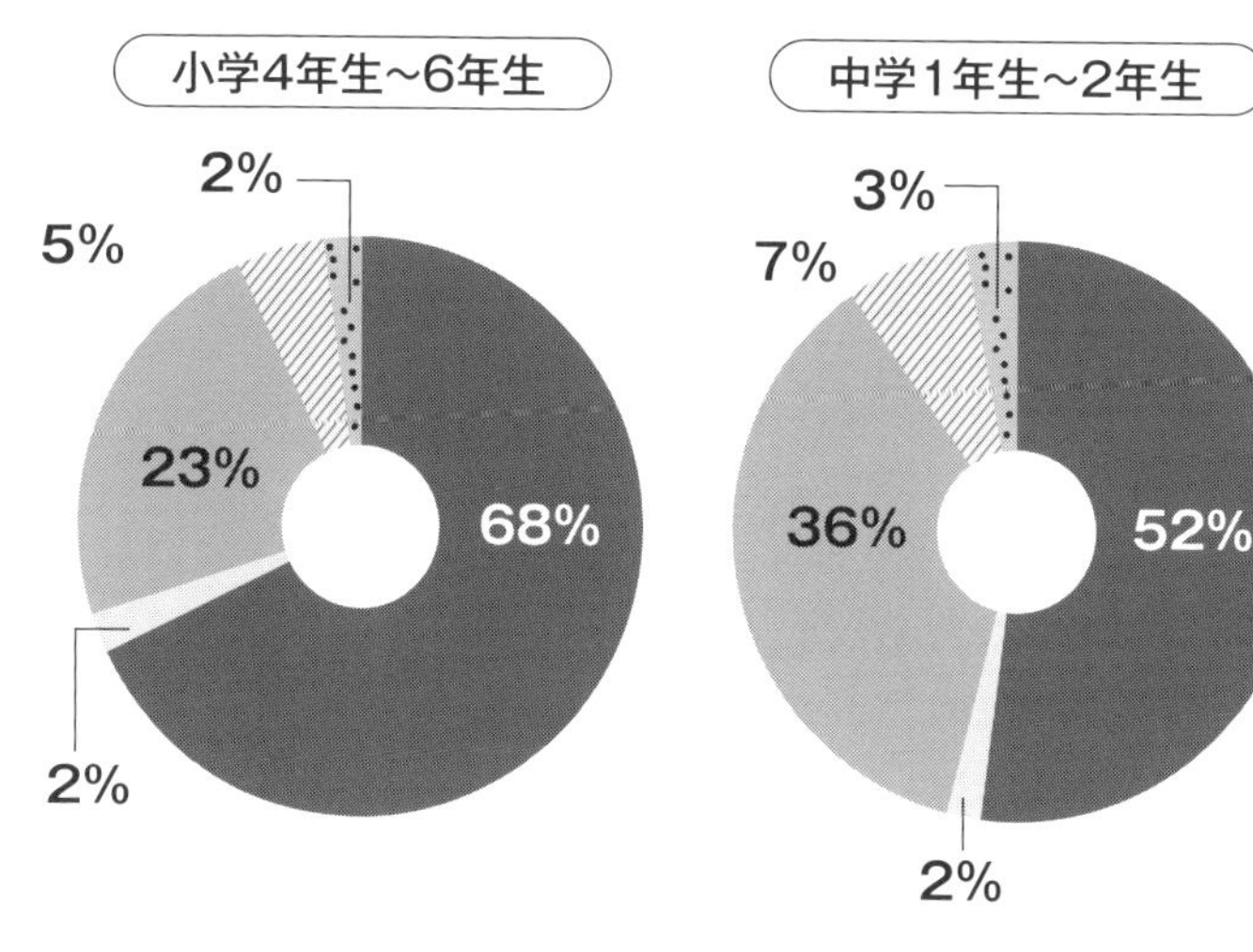

2016年の調査結果

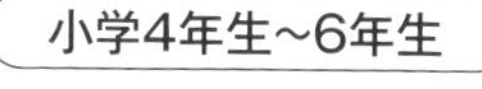

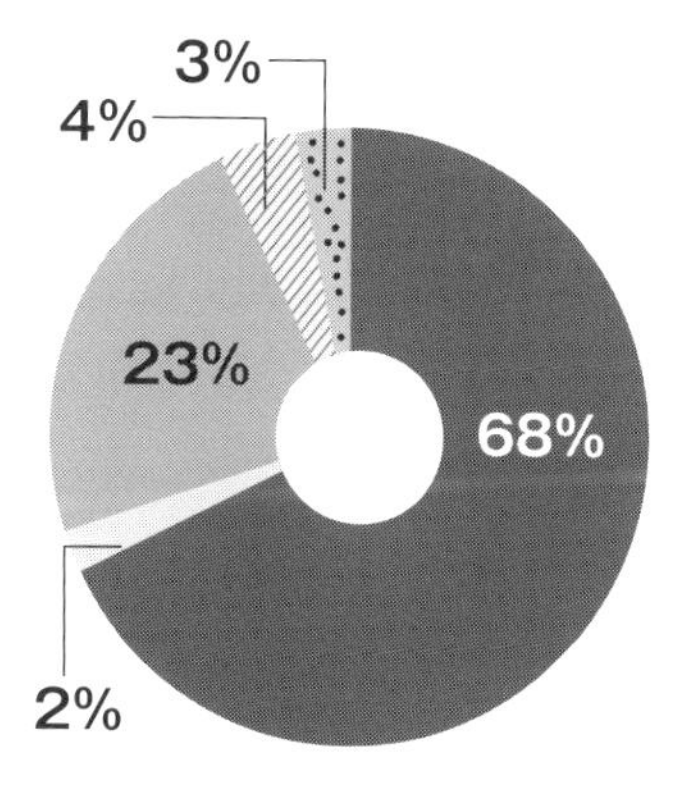

中学1年生~2年生

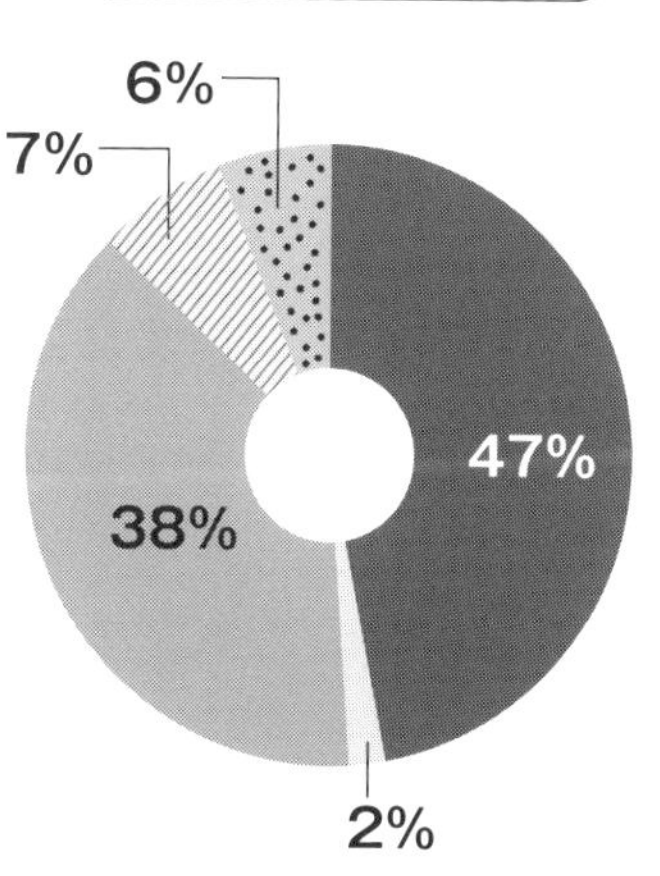

2017年の調査結果

疲れていない
1ヶ月未満
1~3ヶ月未満
3~6ヶ月未満
6ヶ月以上

小児慢性疲労症候群　国際診断基準

小児期におけるCFS/ME*診断を行うには、その子供が少なくとも3カ月の間、以下に示す古典的なCFS/ME症状同様に疲労が存在する必要がある。加えてその頻度および症状の程度は、4またはそれ以上でなければならない。頻度・重症度の程度は“まったく問題ない”を①として、④は中程度、⑦を“きわめて大きな問題がある”とする7段階で判定する。

I. 疲労	臨床的検討により説明困難な持続的あるいは再発性の過去3ヶ月以上にわたる疲労
II. ME/CFS 古典的症状	症　　状
a. 労作後疲労	身体的・精神的活動の後の気分・体調悪化。特に激しいということではなく、階段を上がる、コンピュータを使う、本を読むなどの行為の後の身体・認知力疲労。回復が遅く、しばしば24時間以上を要する。
b. 睡眠	(少なくとも以下のなかの1つの症状) 朝起きできない、睡眠朝起床後の疲労感、毎日居眠りする、 寝つけない、眠り続ける、朝早くに目が覚める、昼夜逆転、 中途覚醒、過眠
c. 疼痛	(少なくとも1つの症状) 筋(筋膜)痛、腫脹のない関節痛、腹痛、胸痛、眼痛など
d. 認知機能	(少なくとも1つの症状) 記憶障害、集中が保てない、言葉が出てこない、理解が悪い、 思考の鈍磨、関心のなさ、一つのことしかできない、もの忘れ
e. 他の症状	次の3項目中の2項目から、少なくとも1つの症状が存在する。 ・自律神経症状：足もとが不安定、息切れ、めまい、心拍不整、起立性血圧問題、動悸、吐き気 ・神経内分泌症状：体重の増減、食欲不振、手掌発汗、暑さ・寒さへの耐性低下、微熱、低体温、ストレスによる症状悪化 ・免疫症状：炎症を伴わない咽の痛み、頸部リンパ節腫脹と痛み、繰り返す発熱やインフルエンザ様症状、食べ物・化学物質への過敏性

国際慢性疲労症候群学会: 小児部門小委員会による小児慢性疲労症候群国際診断基準 Jan. 2007, アメリカ・フロリダ.
＊ME: Myalgic Encephalomyelitis(筋痛性脳脊髄炎)

CCFS/ME診断
1. CCFS/ME：全ての古典的診断基準に合致する場合
2. CCFS/ME様疾患：全ての古典的診断基準に合致するが、3カ月に満たない場合
3. 非定形的CCFS/ME：古典的診断基準に1つあるいは2つ足りないが、罹病期間は3カ月以上である
4. 他の疾患

図3 小児慢性疲労症候群の特徴

小児慢性疲労症候群
不登校多発
顕著な知能の低下なし
可逆的な機能の低下
反社会行動などなし
活動量は低下
睡眠リズム障害多発

27 子どもの日常生活と学習意欲

学習意欲を育むために、生活習慣を見直すことは重要です。疲労と学習意欲の相関図（図1）からもわかるように、疲労をためない生活習慣が結果として学習意欲の向上に繋がると考えられます。

睡眠時間が短いと学習意欲が著しく低下し、朝食を摂っていない場合も学習意欲が低い傾向にあります。特に、小学校6年生から中学校1年生にかけての中1ギャップと呼ばれるこの移行期に平日の睡眠時間が約1時間も短くなります。これは、半年毎の計5回（2年間）の追跡調査から明らかになりました（図2）。睡眠時間の急激な短縮に伴い、中学生で疲労度が増し、学習意欲も低下すると考えられています。睡眠時間の長短と関連する生活習慣として、光刺激の強い機器に対する接触頻度・時間が挙げられます。夜に強い光を浴びすぎることによって、メラトニンの分泌が低下し睡眠の質が低下します。実際に、テレビゲームの利用頻度が高かったり、テレビの視聴時間が長かったりする小中学生は学習意欲が低い傾向にあることがわかっています。

また、興味深いことに、学習意欲と家族との関わり方が関係します。平日の学校のある日に家族みんなと一緒に過ごす時間が長い、または家や学校でがんばって勉強したとき家族が褒めてくれると感じている小中学生は、学習意欲が高いことがわかりました。学習意欲を高めるためには、日頃から子どもが家族とコミュニケーションをとれる時間があり、学習面でも褒められ、支えられていると感じることが重要なのです。つまり、保護者などの親密な関係者から受容されている感覚、他者受容感が満たされていることが学習意欲の向上に繋がると考えられます。

図１ 疲労と学習意欲の相関図

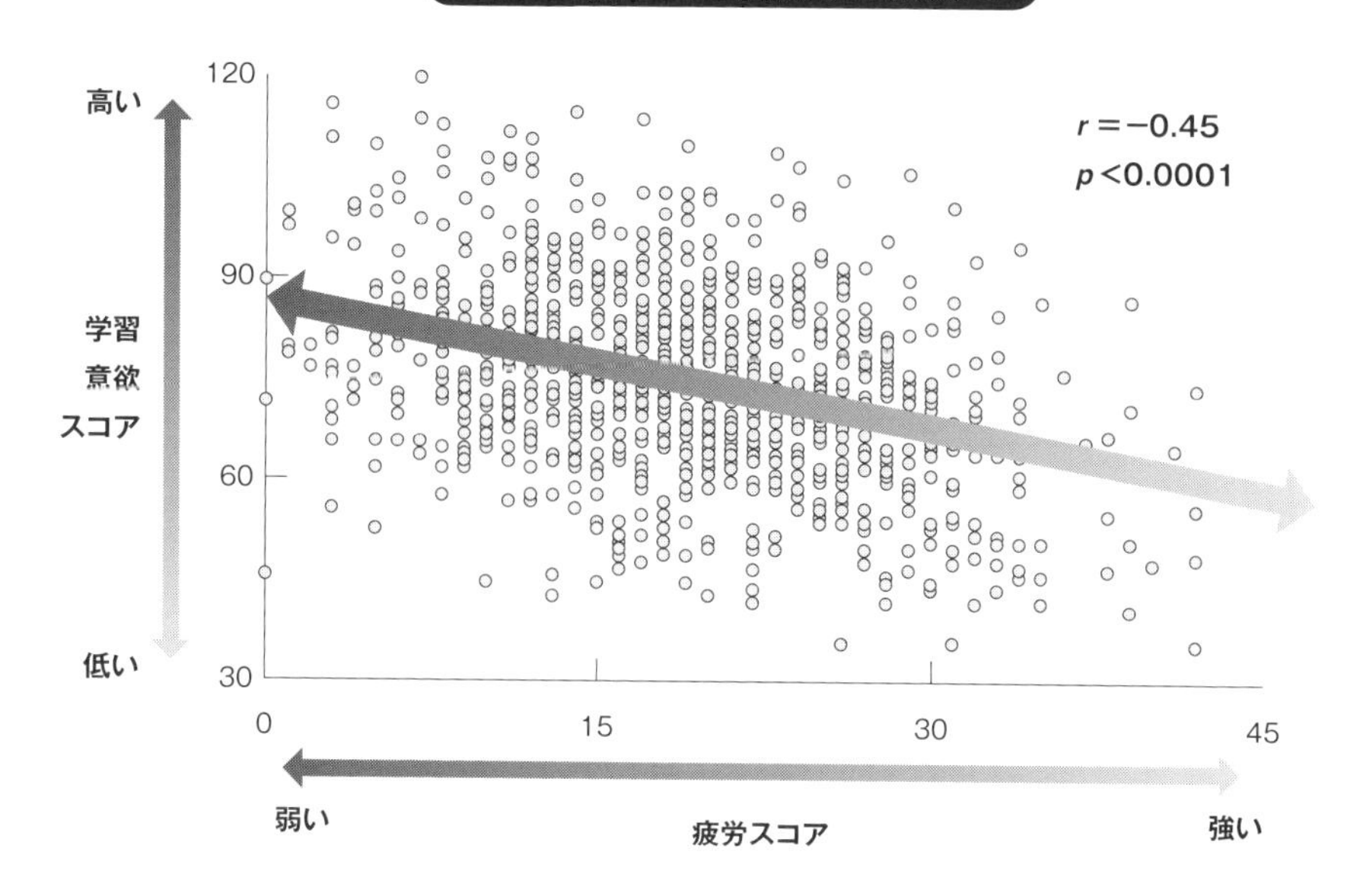

図２ 平日の睡眠時間に関する半年毎の計５回（２年間）の追跡調査結果

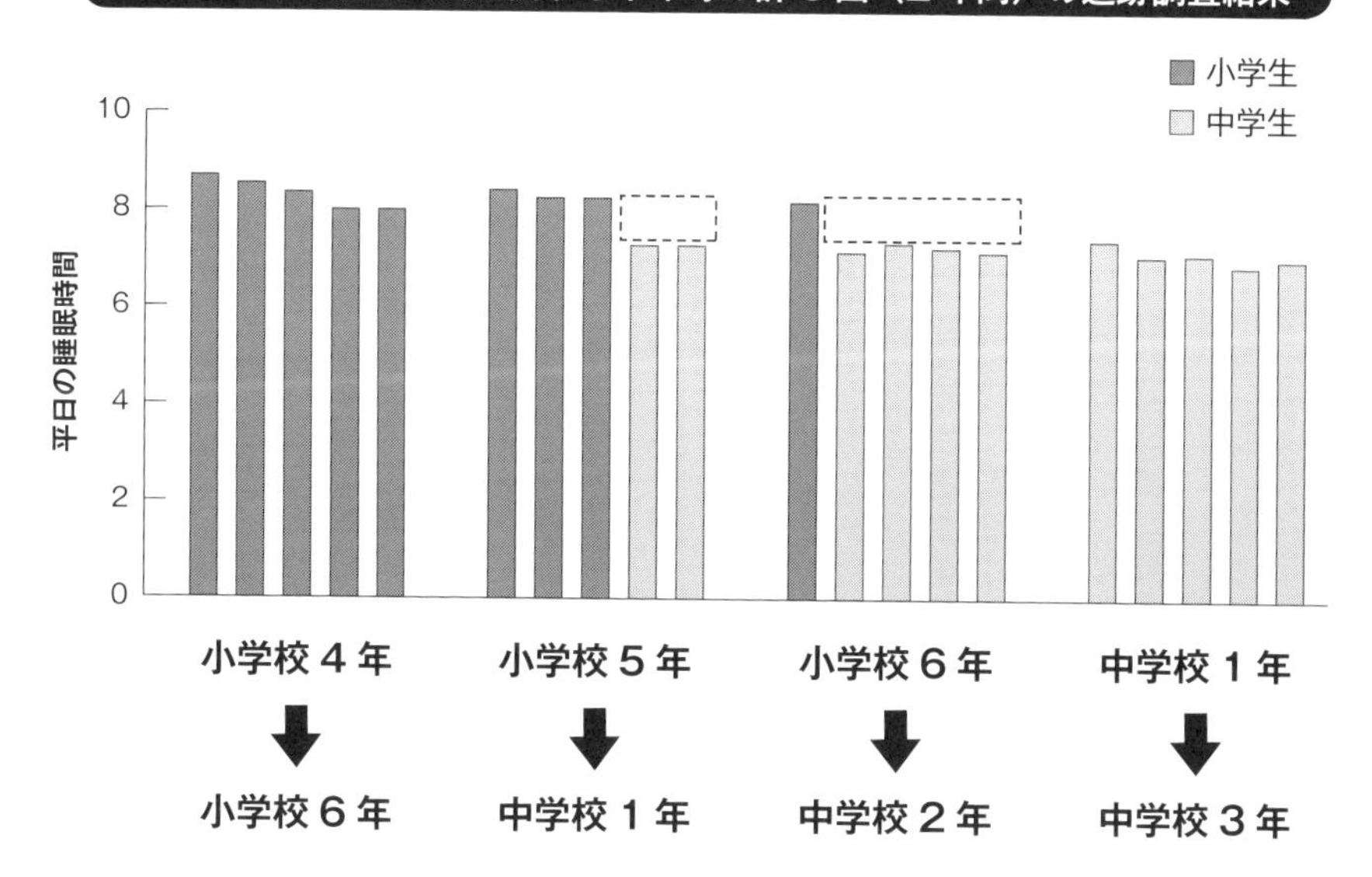

学年が上がると睡眠時間は短くなる傾向にあり、小学校６年生から中学校１年生にかけては約１時間も短くなりました。

28 ヨドネル

淀川、よく寝る宣言

大阪市の淀川区は、子どもの睡眠習慣改善支援事業「ヨドネル」を進めています。ヨドネルとは、「淀川、よく寝る宣言」という意味であり、淀川区は区内小中学校と連携し、睡眠の指導・啓発を行っています。長期休暇中は、毎晩9時に、あるソーシャルネットワーキングサービス（SNS）を用いて、「がんこおやじ夢さん」が早寝を呼び掛ける画像を配信するなど、子どもたちが興味を引くようなとてもユニークな取組みもあります。また、睡眠習慣の実態把握のため、大阪市立大学との共同研究では、平成28～29年度の2年に亘り、のべ1万人以上の睡眠と生活習慣、疲労、学習意欲に関する大規模アンケート調査を行いました。やはり、夜間に光刺激を受けやすい生活習慣が平日の睡眠時間と密接に関係していました。①テレビや動画の視聴時間が長い、②スマートフォンの利用時間が長い、③SNSによるクラスメイトや友達との連絡頻度が多い、④夜間にコンビニエンスストアの利用が多い、といった生活であれば睡眠時間が短いのです。

また、前項では、家族の関わりと学習意欲の関係を述べましたが、ヨドネル調査からは、学習意欲だけでなく、家族と過ごす時間が長い、学習をがんばったときに家族から褒められる機会が多いほど睡眠時間が長いこともわかりました。家族との豊かなコミュニケーションが子どもの気持ちを落ち着かせ、不安な気持ちなどを取り除くことが良質な睡眠にもつながる可能性があります。これらの結果をまとめた「淀川すいみん白書」も一度ご覧ください（http://www.city.osaka.lg.jp/yodogawa/page/0000419977.html）。一連の取組みは、厚生労働省の主催する「第6回健康寿命をのばそう！アワード（母子保健分野）」の子ども家庭局長賞・自治体部門優良賞を授与されるなど、全国からも注目されている活動となっています。今後、学校だけでなく自治体も中心となり、このような眠育の取組みが全国に広がることを期待しています。

がんこおやじ夢さん

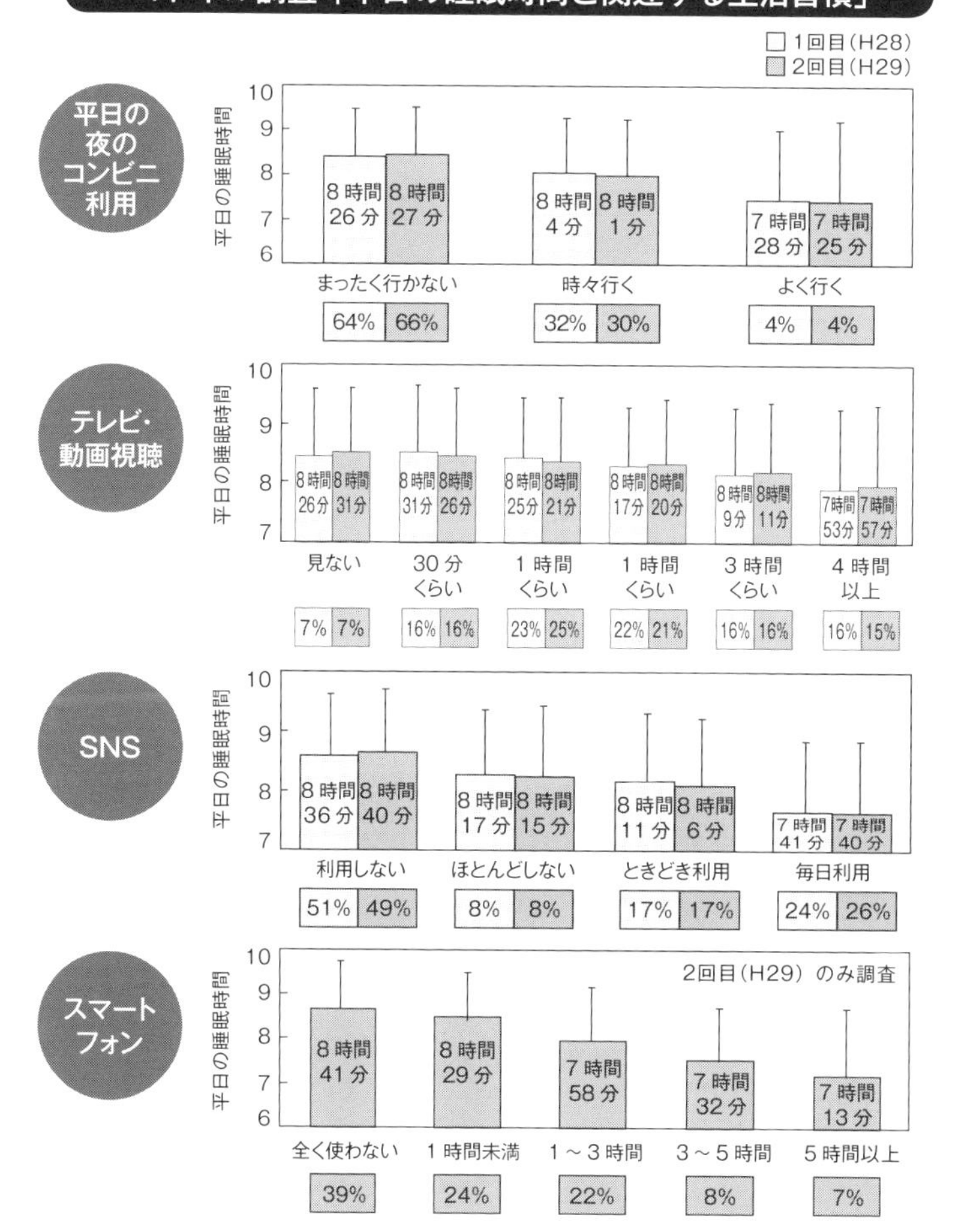

29 子どもの疲労の特性

成人と同様に、子どもの疲労でも自律神経機能が乱れ、意欲が低下します。子どもの場合、特に睡眠と疲労の関わりが強いとされ、睡眠欠乏状態が続くことによる慢性疲労状態が脳の機能低下を引き起こします。小中学生の時期、思春期は成人にかけて高次脳機能とよばれる作業記憶（ワーキングメモリ）や注意制御力の発達が著しい時期です。しかし、慢性疲労状態に陥るとこれらの脳機能の発達が損なわれることがわかってきました。

疲労による注意制御力の低下

注意をうまく配分する能力（注意配分力）や注意をうまく切り替える能力（注意転換力）などの注意をコントロールする機能は、コミュニケーション能力とも関係します。小中学生のうち疲労が蓄積している児童・生徒だけでなく、小児慢性疲労症候群CCFSにおいても、注意配分力、注意転換力といった注意制御力が低下していることもわかっています。熊本大学医学部附属病院発達小児科にて長年に亘りCCFSの診療に携わってきた三池輝久先生（現・兵庫県立リハビリテーション中央病院子どもの睡眠と発達医療センター）は次のようなことを述べています。

〝CCFS患児は、注意配分力が低下している。登校した際にクラスメイトが少数の場合は視線などの刺激の数が少ないため、低い注意配分力でも対応可能だが、遅刻して登校した場合など、クラスメイトが全員着席している状態では、たくさんの視線・刺激を受けることになるため、どうしていいか分からず、うまくその場の対処ができない特徴がある〟

CCFS患児の注意配分を要する課題遂行中の脳活

CCFS患児の脳活動

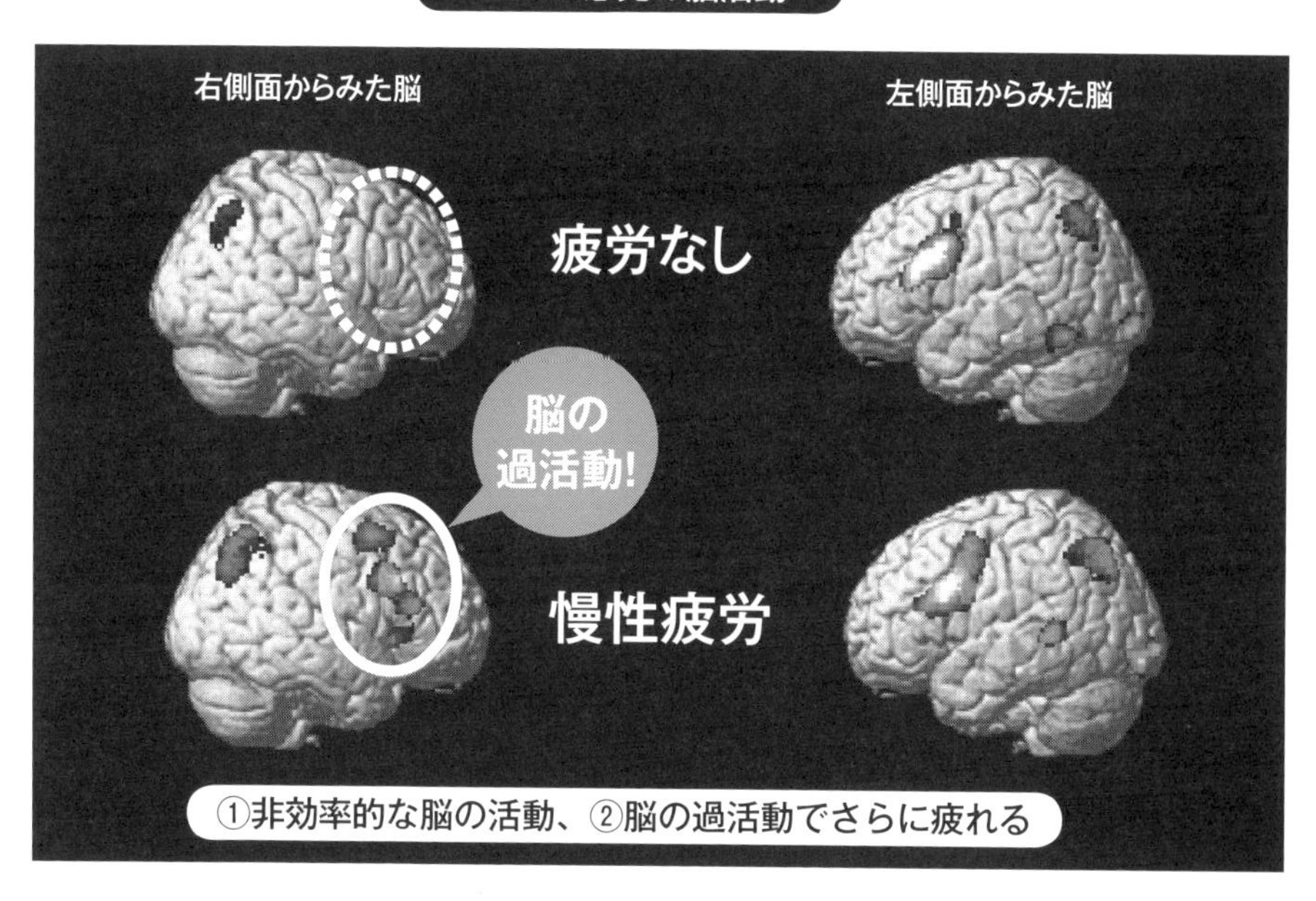

動を調べてみると、健常児は左側の前頭葉のみを使って課題をこなしているのに対し、患児は左側に加えて右側の前頭葉の過活動が生じており、極めて非効率な脳活動パターンを示すことがわかりました。この過活動が、労作後の疲労、つまり易疲労性とも関連すると考えられています。

また、CCFS患児においては、学習意欲が低下する傾向がみられるため、筆者らは、この脳内メカニズムも調べました。期待値よりも高い報酬を受け取った場合には脳の線条体とよばれる場所が活性化しましたが、期待値よりも低い報酬を受け取った場合には線条体が活性されにくいことがわかりました。線条体が活性されにくいほど普段の学習により得られる報酬感も弱いこともわかりました。線条体という脳領域には、ドーパミンとよばれる意欲と密接に関係する興奮性の物質が豊富に存在します。期待しているほど報酬が得られない場合に意欲がわきにくい脳内メカニズムとして、慢性疲労によりドーパミン神経の働きが低下することが原因と考えられます。

30 子どもの疲労の計測

評価法は大人と同じ

大人と子どもの疲労の評価法や評価指標は共通しているものが多く、疲労の主観的程度を表す指標は、100㎜の水平な直線上に疲労感の程度の印をつけるVisual Analogue Scale（VAS）、チャルダーの疲労質問票が用いられます。また、疲労と表裏一体の学習意欲の質問票には、内発的―外発的動機づけ尺度が用いられます。学習の努力―報酬不均衡モデル調査票は、学習にかける努力に見合った学習成績が得られているか、といった努力と報酬感のバランス評価が可能なものがあります。CCFS患児では、学習に対する努力と報酬のバランス比が悪く、十分な報酬感が得られていないことが学習意欲の低下にも関係しています。

疲労の客観的指標についても、大人と同様に、心電図や加速度脈波の心拍変動解析から得られる安静時の副交感神経の活動低下や交感神経活動の過活動は有用な疲労マーカーです。腕時計型の活動量計や腹部に深部体温計を装着することで、CCFSの日内リズム障害を明らかにすることもできます。また、血液検査から、CCFSの末梢血液中のリンパ球における体内時計をつかさどる時計遺伝子のPer2の発現異常が日内リズム障害と関連することもわかっています。

また、日内リズムについては、CCFSではなく小中学生を対象とした腕時計型の活動量計測と疲労との関係を調べる研究も進められています。活動量から正確な睡眠時間を算出したところ、8時間以上の睡眠時間を確保できていない小中学生では、8時間以上の睡眠時間を有する小中学生に比べて、自覚的な疲労症状が強く、日中の活動量が少なく、かつ居眠りの回数も

仮名拾いテスト（注意配分課題）

氏 名		施行日	平成 年 月 日

次のかな文の意味を読みとりながら、同時に「あ・い・う・え・お」を拾いあげて、○をつけて下さい。（制限時間２分間）

正（ ）誤（ ）
意味把握：可、不十分、不可

むかし あるところに、ひとりぐらしのおばあさんが
いて としを とって、びんぼうでしたが、いつも ほが
らかに くらしていました。ちいさなこやに すんでいて、
きんじょの ひとの つかいはしりを やっては、こちら
で ひとくち、あちらで ひとのみ、おれいに たべさせ
てもらって、やっと そのひぐらしを たてていましたが、
それでも いつも げんきで ようきで、なにひとつ
ふそくはないと いうふうでした。
ところが あるばん、おばあさんが いつものように
にこにこしながら、いそいそと うちへ かえるとちゅう、
みちばたの みぞのなかに、くろい おおきなつぼを
みつけました。「おや、つぼだね。いれるものさえあれば

mATMTのE課題(注意転換課題)

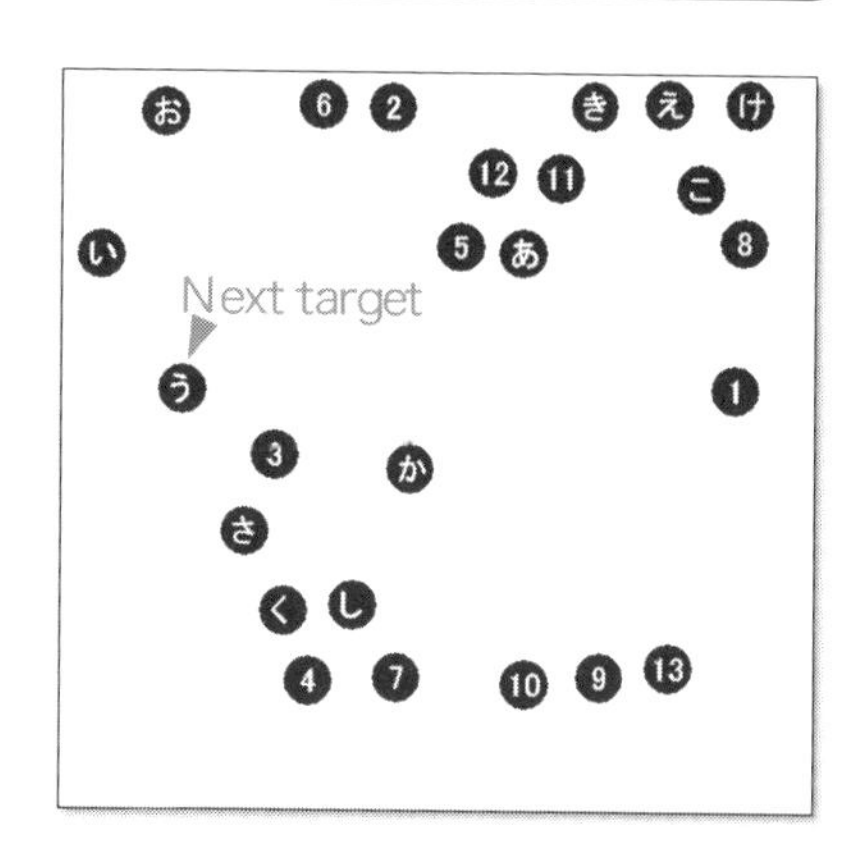

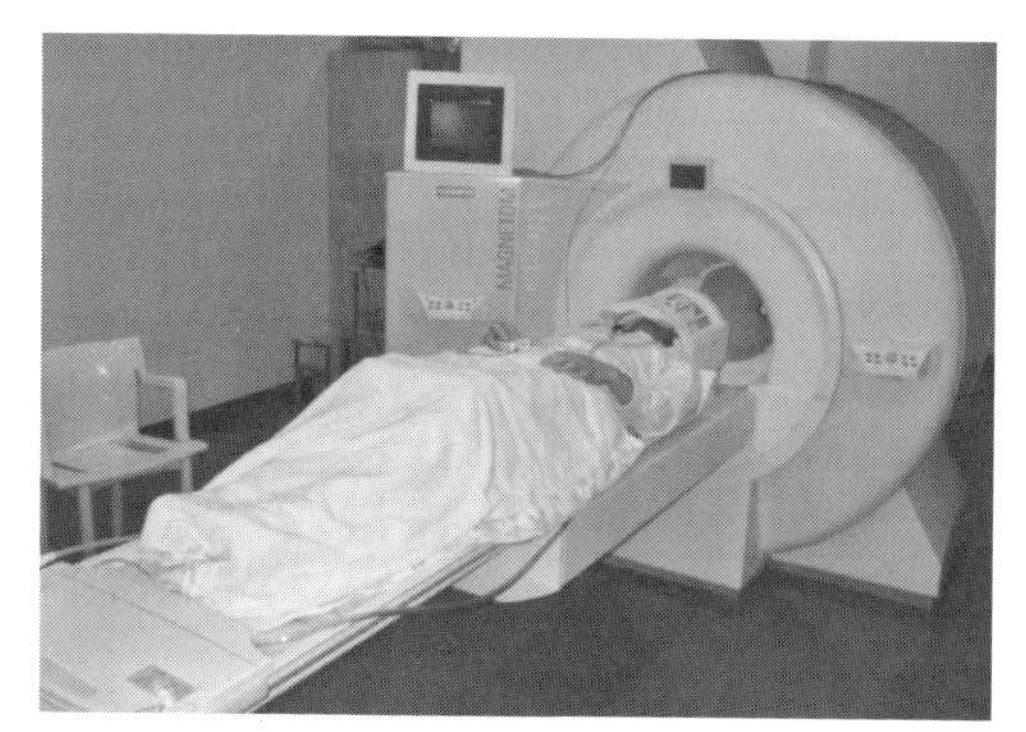
MRI検査の様子

脳波検査の様子

多いことがわかりました。睡眠習慣を客観的に把握する計測もまた疲労の評価にはとても有用です。

幾つかの角度から認知機能を測ることも疲労評価につながります。その一つは情動認知の機能です。陸上

部に所属する中学生の夏合宿の前後に、パソコンの画面上に5種類の情動（喜び・悲しみ・怒り・恐れ・驚き）と無表情を表現した顔の写真を生徒にみせて、各表情の写真がどの情動を表しているのかを選択してもらいました。合宿前に比べ合宿後に疲れがたまってい
る状態では、無表情の写真に対する判別が速くなると同時に、無表情を怒っている表情と認知する傾向が強まりました。これは疲労がたまることにより、対人の表情を読み違えてコミュニケーションエラーの要因となる可能性を示しています。また、注意制御力を調べることが可能な認知課題を用いることで、疲労によるパフォーマンスの低下レベルを明らかにすることができます。注意配分課題の一つである仮名拾いテストは、平仮名だけで書かれたある物語で構成されており、黙読しながら①物語の内容を理解する、そして②母音「あ、い、う、え、お」に◯をつける、この二つの事柄を同時に行う注意配分課題の成績は、健常児とCCFS患児に共通して疲労に伴い低下します。

mATMT（19項参照）のE課題は注意転換課題として用いられています。ディスプレイ上に呈示された1〜13の数字とあ〜しの平仮名を交互に押す（1→あ→2→い→…13→し）課題で、なるべく速く正確に数字、平仮名の順にボタンを押します。反応時間を指標とした課題成績は、CCFSの治療効果判定にも有用であることがわかっています。これら注意制御課題に取り組んでいる時の脳の活動を機能的MRI（fMRI）を用いて調べることで、疲労による脳の過活動状態、非効率的な脳活動状態を可視化できます。また、◯または×をディスプレイ上に呈示する際に脳波計測を行い、事象関連電位（ERP）とよばれる視覚刺激に関連した脳波の特徴を調べることで、CCFS患児の脳活動パターン分類も可能で、治療方針を決めるためにも役に立つ検査データとなります。

CCFSの血液検査においては、糖負荷試験により高血糖状態が続いたり、空腹時の血液中のピルビン酸が高値を示したりするなど幾つかの生化学的マーカーが存在します。その他にも概日リズム（体内時計）と関係し、血液中の眠気を促すメラトニンとストレス応答とも関連するコルチゾール濃度の日内変動パターンも評価指標となります。

31 高齢者の疲労～実態～

疲労の実態調査の中で、実は、65歳以上の方の調査は遅れています。というのは、ほとんどの調査が就労人口を対象に行われてきたため、65歳以上、まして、75歳以上の後期高齢者のデータは少ないです。それは、老化による有病率の増加と虚弱概念が定着してきたので、疲労との境目が必ずしも明確ではないからです。

ただ、筆者らは２０１６年２月を初回として、理化学研究所、大阪市立大学健康科学イノベーションセンター、和光市の３者で高齢者の健康計測予備的研究を進めています。自律神経機能をみてみると、**図１**のように、疲労の指標でもある副交感神経系（ＨＦ）の活動の低下が、65歳群、70歳群、75歳群と、高齢になるに従い顕著であることがわかりました。また、小児から成人にかけてと、共通して疲労の評価が可能な認知機能のｍＡＴＭＴも用いて、加齢による変化を検討しています。単純な指先の運動課題（Ｄ課題）、ランダムな場所に位置する①～㉕の数字を昇順に探索する課題（Ａ課題）とＥ課題を行い、各課題を終えるまでに要する時間を計測しました。いずれの課題においても加齢に伴い反応時間が遅れていることがわかりましたが、特にＥ課題の注意制御課題における反応時間の遅れが顕著でした。

この研究は、２０１７年２月に２回目、２０１８年の３月に３回目の健康計測会を実施しました。複数年に亘り、同一対象者の健康度を評価する追跡研究（コホート研究）として継続しているものです。

「フレイル」と「サルコペニア」

老化による虚弱に対しては、２０１４年５月に日本老年医学会では、「フレイル（Frailty）」（虚弱）とい

図1　高齢者の機能計測

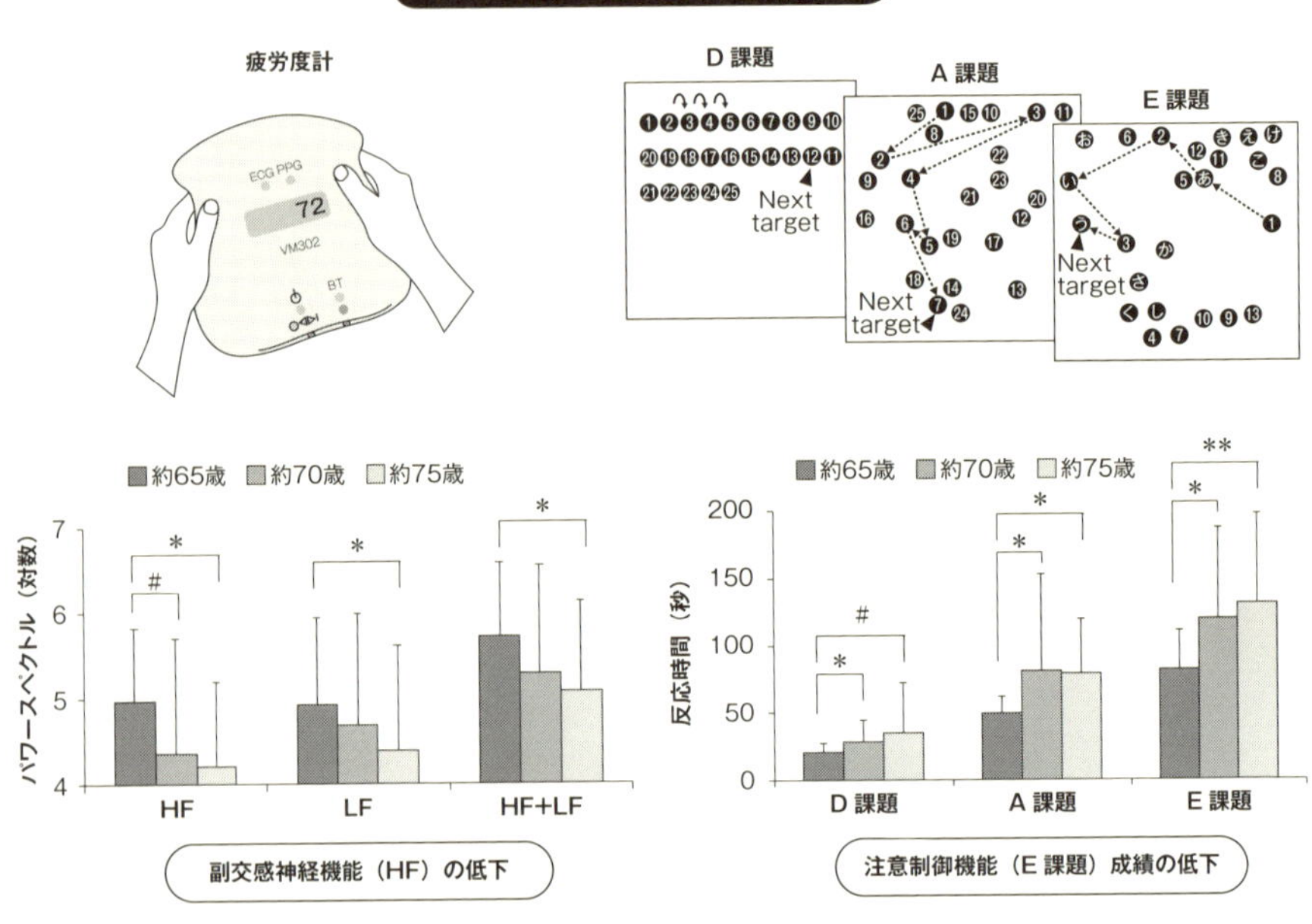

う言葉を使い、高齢者が筋力や活動が低下している状態と定義しました。一方、以前からサルコペニアという言葉があり、両者とも加齢に伴う機能低下を意味していますが、サルコペニアが筋肉量減少を主体として筋力、身体機能の低下を主要因として扱うのに対して、フレイル（虚弱）には移動能力、筋力、バランス、運動処理能力、認知機能、栄養状態、持久力、日常生活の活動性、疲労感など広範な要素が含まれている点が大きな違いとされています。このフレイルの度合いを評価し、医療介護に携わる専門職に「フレイル」の理解と予防に取り組むことを呼びかけています。

一般的に高齢者の虚弱状態を加齢に伴って不可逆的に老い衰えた状態と理解されることも多いですが、このフレイル（Frailty）の概念には、しかるべき介入により再び健常な状態に戻るという可逆性が含まれているところが異なります。フレイル（Frailty）に陥った高齢者を早期に発見し、適切に介入することにより、生活機能の維持・向上を図ることが期待されていることから、学会をはじめ関係各方面では「要介護状態に陥るのを防げる効果がある」と対策を呼びかけています。

フレイルの診断

フレイルには身体的なフレイル（physical frailty）と、精神心理要因（psychological problems）や社会要因（social problems）を含む多次元フレイルが存在するはずですが、一般的には身体的なフレイルを指す場合が多いようです。コロンビア大学のFreid先生らは、循環器系健康研究（the Cardiovascular Health Study：CHS）のデータを用いて、(1)体重減少、(2)主観的活力低下、(3)握力の低下、(4)歩行速度の低下、(5)活動度の低下、の5項目のうち3項目以上当てはまればフレイルとしました。このCHS指標を用いた地域住民の調査では、65歳以上で7%、80歳以上だと30%がフレイルと診断されるとの報告があります。CHS指標よりさらに簡便な尺度として、ミネソタ大学のEnsrud先生らは、骨粗しょう症性骨折研究（the Study of Osteoporotic Fracture：SOF）のデータを用い、(1)体重減少、(2)起立能力の低下、(3)活力の低下、の3項目のうち2項目以上当てはまればフレイルと定義しています。このSOF指標は将来の転倒、身体機能障害、骨折、ならびに、生命予後の予測因子としても十分機能することが証明されています。

フレイルティ・サイクル

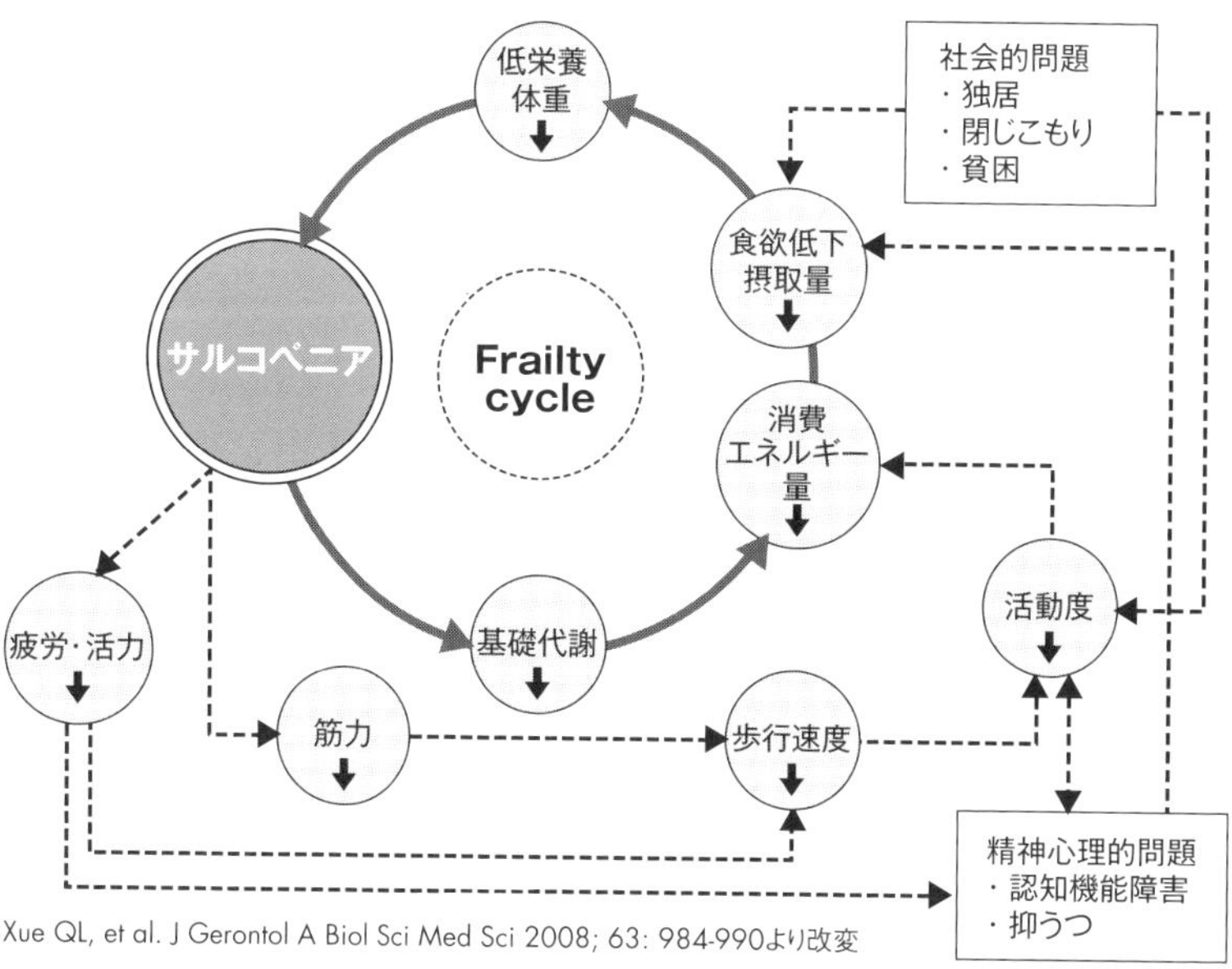

Xue QL, et al. J Gerontol A Biol Sci Med Sci 2008; 63: 984-990より改変

32 高齢者の疲労の特性

疲労感・倦怠感

前項に書いたように、高齢者の衰弱の一つの症状として、疲労・倦怠と疲労感・倦怠感があります。これらは、もちろん、サルコペニアをはじめ、老化による虚弱と大きな関連があります。また、この書でも再三説明してきたように、生体酸化（部品のサビ付き）と修復エネルギーの低下が相まって、細胞の予備能を落とし様々な細胞傷害を来たす、細胞傷害が可逆的過程（元の正常状態に回復できる過程）から不可逆的過程（元の正常状態に回復できない過程）に陥ると、病的になり様々な病気を発症します。前項のFreid先生らの循環器系健康研究（CHS）の(2)主観的活力低下、(3)握力の低下、(4)歩行速度の低下、(5)活動度の低下、ないしは、Ensrud先生らの骨粗しょう症性骨折研究（SOF）の、(2)起立能力の低下、(3)活力の低下、などは、客観的に見れば、疲労の状態と近いことがおわかりいただけます。

高齢者の有病率は、年齢に伴い上昇してきます。ただ、平成22（2010）年の厚生労働省の「国民生活基準調査」によれば、65歳以上の高齢者の健康状態について、平成22（2010）年における有訴者率（人口1000人当たりの「ここ数日、病気やけが等で自覚症状のある者（入院者を除く）」の数）は471・1と半数近くの人が何らかの自覚症状を訴えています。65歳以上の高齢者の日常生活に影響のある者率（人口1000人当たりの「現在、健康上の問題で、日常生活動作、外出、仕事、家事、学業、運動等に影響のある者（入院者を除く）」の数）は、平成22年において209・0と、有訴者率と比べると半分以下になっています。これを年齢階級別、男女別にみると、年齢層が高いほど上昇し、また、70歳代後半以降の年齢層において女性が男性を上回っています（http://www8.cao.go.jp/kourei/whitepaper/w-2013/zenbun/s1_2_3_01.html 図1−2−3−1）。85歳以上では、男性344・0、女性396・5となり、65歳以上全体の倍近い数値になっています。

この日常生活への影響を内容別にみると、高齢者では、「日常生活動作」（起床、衣服着脱、食事、入浴など）が人口1000人当たり100・6、「外出」が同90・5と高くなっており、次いで「仕事・家事・学業」が同79・6、「運動（スポーツを含む）」が同64・5となっています（http://www8.cao.go.jp/kourei/whitepaper/w-2013/zenbun/s1_2_3_01.html 図1−2−3−2）。つまり、まだ、65歳以上の疲労に関するきちんとした統計は得られていないものの、日常生活動作や外出困難などの状況が年齢とともに増加していくことは確かです。抗疲労対策が我が国の超高齢化社会で非常に重要であることは明白です。

図 65歳以上の高齢者の日常生活に影響のある者率（複数回答）（人口千対）

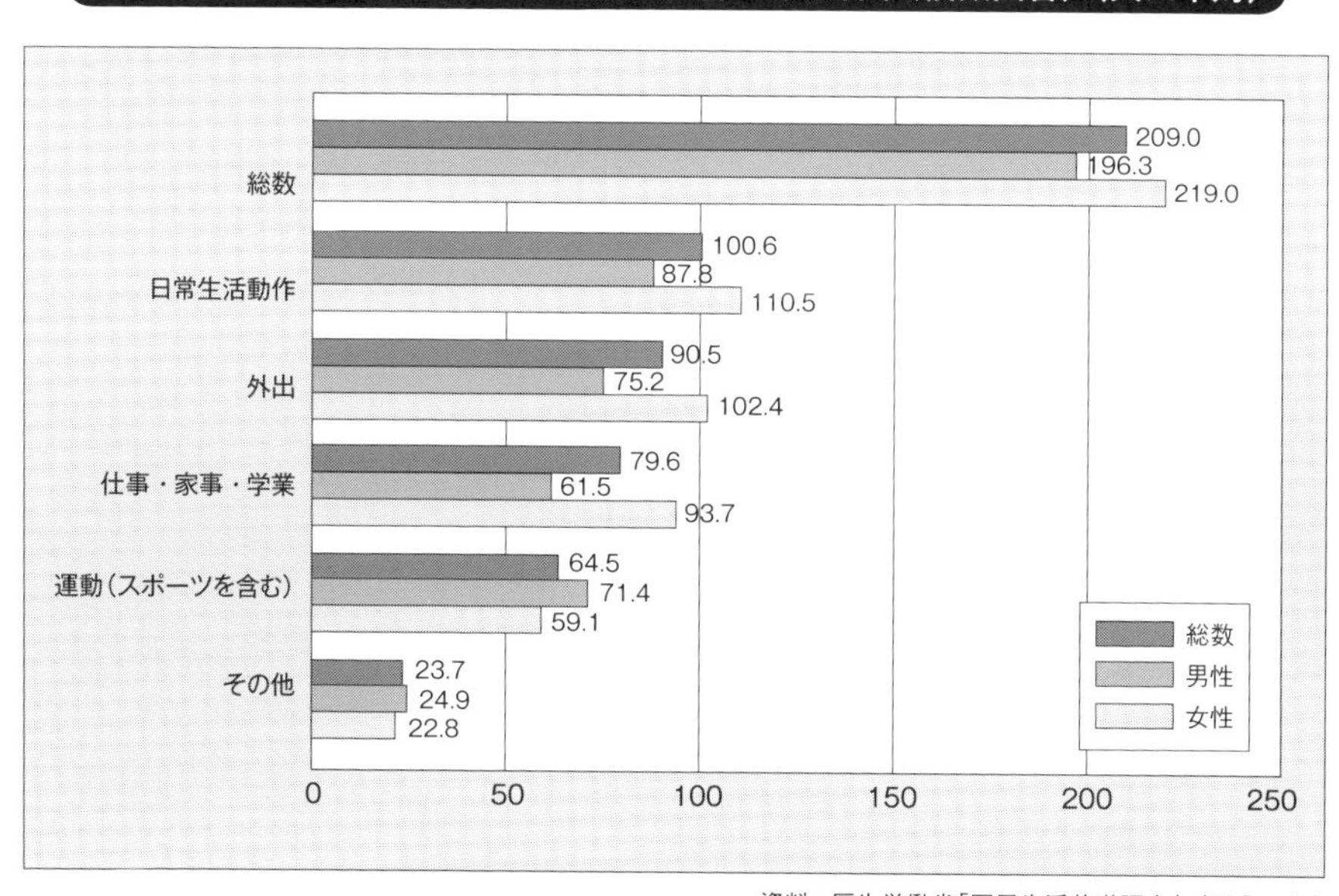

資料：厚生労働省「国民生活基礎調査」（平成22年）

Column

健康脆弱化予知予防コンソーシアム

筆者らは、牧野内昭武先生の提唱により、理化学研究所産業連携本部を中心に集まり、2016年2月から、理化学研究所の3センター（光量子工学研究領域、情報基盤センター、ライフサイエンス技術基盤研究センター）と産業界や大学・研究機関、地方自治体（現在は和光市）等との共同事業として、高齢者の「健康脆弱化予知予防コンソーシアム」を構築しました。会長には、人工知能研究の泰斗である中島秀之先生を迎えました。健康脆弱化予知予防とは、高齢期、特に後期高齢期に要介護が急増することをふまえ、要介護に至るまでの心身の“脆弱化”に注目しその兆候を早期に捉え、“脆弱化”の予知と、その是正手段を導入することで、“脆弱化”を遅らせ、要介護に至らないようにするものです。

このコンソーシアムでは、脆弱化を含んだ老化現象の代謝系、脳・神経系、免疫系にわたる基礎的統合的解明、レーザー技術や生体力学シミュレーションを活用した脆弱化の非侵襲計測、人工知能研究を活用した統合ビッグデータ解析による健康リスク予測などの技術課題及びソリューションの共通認識を図り、我が国における当該技術の研究開発及びイノベーションを加速させるため、会員相互の情報交換の場を提供し、産学官連携及び研究成果の利用促進を図り、関連産業の発展に資することを目指しています。産業技術総合研究所の「ヘルスケア・サービス効果計測コンソーシアム」と共同して活動しています。様々な健康情報が氾濫する中で、医療データ・健康情報と最新の科学的知見を統合し、新たな健康指標の開発とそれに基づく最適な改善メニューなど「科学に裏打ちされた」健康情報・製品・サービスの土台を作り、皆様の健康に貢献することが願いです。

第4章

疲労回復、過労予防

33 疲労を和らげる、回復を早める製品開発

疲労回復・過労予防、何してる?

疲労回復や過労予防策として、一般の方はどのような手段を使われているのか、1999年から2005年まで活動した文科省疲労研究班では、そのような質問のアンケート調査を行いました。まず、第一段階として、多くの方々から疲労回復や過労予防策として何を行っているか調査しました。100以上の伝承療法をはじめ、カラー(色彩)療法やアーユルヴェーダ(インドの伝統医療)などが挙げられました。それらを調査項目として、大阪府民の疲労回復戦略のアンケートを行い(15才~64才、1219名の回答)、どの程度の頻度で行われているのか、効果の実感は4段階に分けて点数付けしました。

図1に結果の一部を示しました。これらの疲労回復の方法の中で多くの人は、入浴が一番疲労回復になると回答していますが、科学的な根拠ではありません。「アロマセラピー」や「アニマルセラピー」に関しては、頻度は多くありませんが、行っている方での回復効率は高いとされました。「笑い」も多くの方が実効性があると言っていて、やはり、免疫能力を上げるという根拠を我々も持っています。コーヒー、お茶、アルコール類は、多くの人に飲まれていますが、回復率は低いという自覚的データでした。総じて、お金を投資する温泉やマッサージなどがかなり良い効果があると自覚されています。

質問項目になかったので、ここでは触れられていませんが、子供や孫であったり恋人・配偶者であったり、愛情の対象と過ごすことが実は、大きな疲労回復効果があると考えられます。筆者らは、このアンケート調

図1 大阪府民の疲労回復法：1,219人からのアンケート

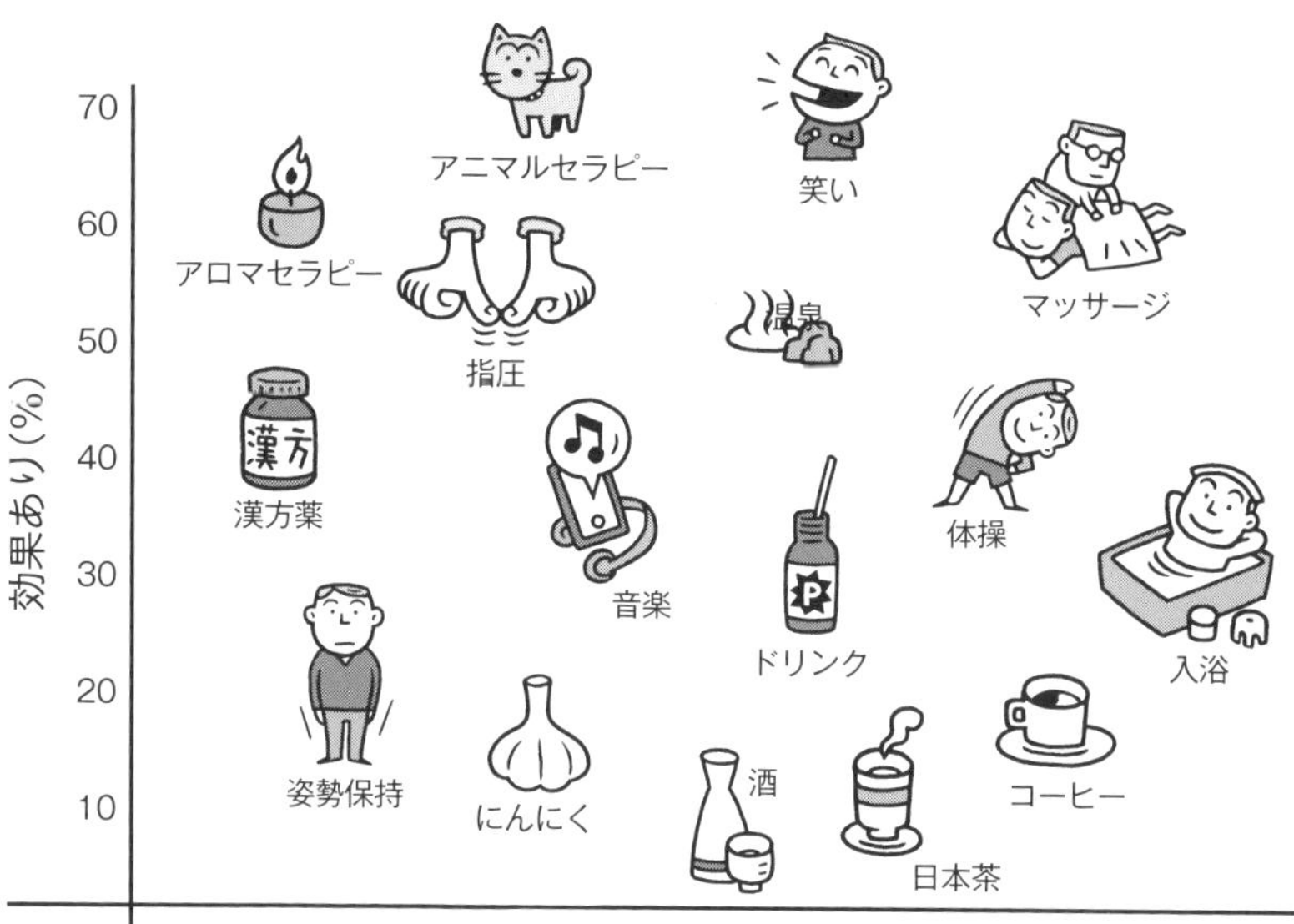

査の結果から、効果が多いと自覚されているものに関して、科学的根拠を与えるような試験を行っていこうと決めました。ですから、この図は、単なる自己申告のアンケート調査結果ですが、筆者らが抗疲労の科学的研究に向かった大きな動機付けの調査でした。

抗疲労効果の実証

前項に挙げた様々な原因による疲労の度合いを計測する指標（バイオマーカー）の開発、疲労動物モデルを用いた効能試験の実施とともに、抗疲労医薬品・食品、生活環境製品の開発が可能になってきました。多くの臨床試験を産業界との共同研究により行い、最近では、高濃度水素水の抗疲労・睡眠の質向上効果を明らかにしました。この試験は、他の試験の見本のような典型的な試験なので、図にこの試験の方式（クロスオーバー・プラシーボコントロールド2重盲検試験）を示します（**図2**）。このような医薬品開発のような厳密な科学的根拠を与える試験を経て、**図3**に示すような様々な製品が実際に抗疲労効果があることを実証してきました。

図２　抗疲労製品のヒト効能試験デザインの一例

2試験区クロスオーバーデザイン

●飲料水Ａ試験：高濃度水素水（0.8～1.2ppm）を起床時と夕食時に300ml（600ml/day）を4週間摂取

●飲料水Ｂ試験：水素を含まない飲料水を同条件で摂取

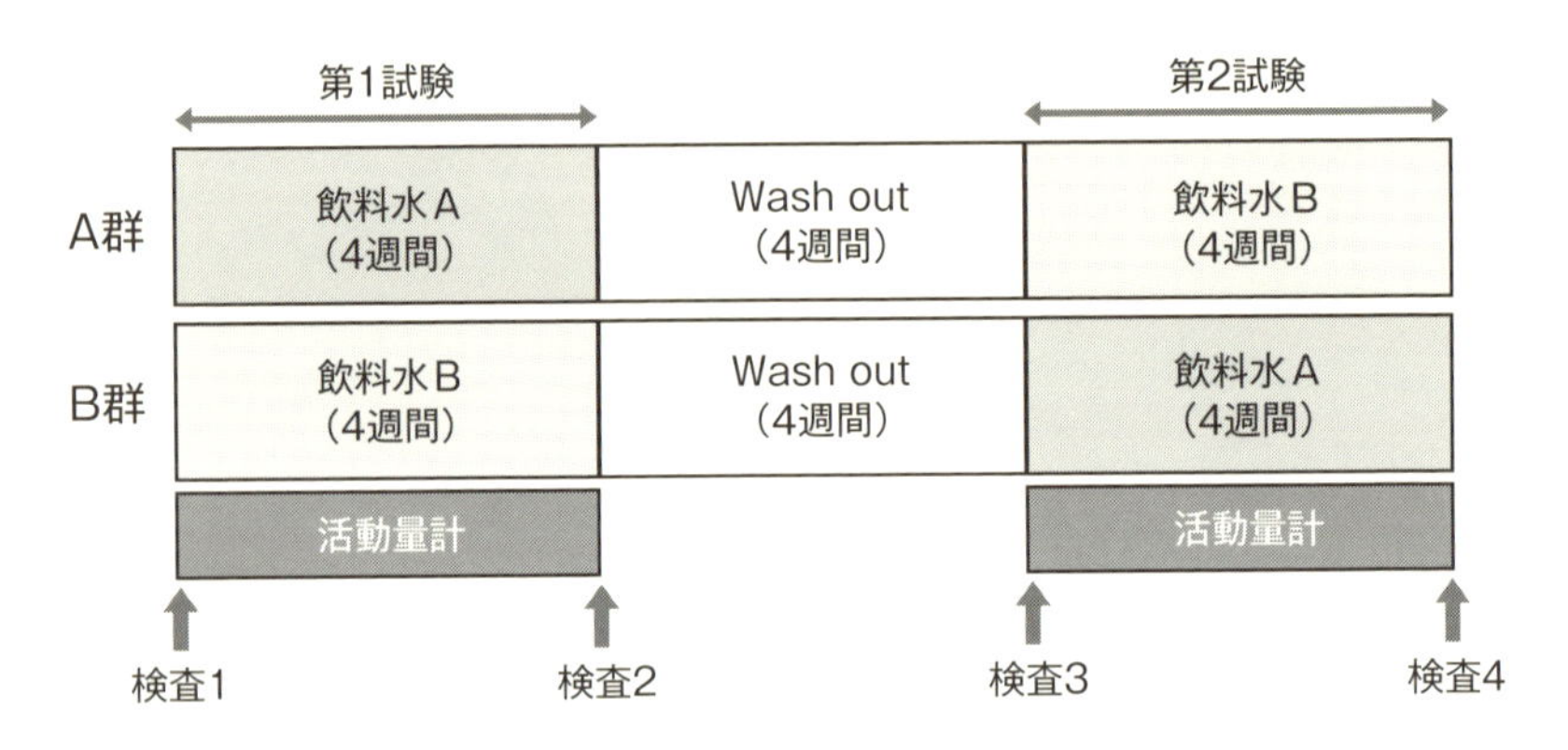

図３　科学的に立証された抗疲労・癒やし食薬・環境・空間

他にも、つながり空間、木質内装空間、気泡水流浴、ゲルマ炭酸スパ、イミダペプチドQ10、抗疲労食、緑の香り、癒し画像、疲労解消音楽などの効果を立証

34 疲労緩和策：こころの持ち方戦略

慢性疲労症候群患者の気質

ここに、慢性疲労症候群の方の性格・気質調査の報告があります。2010年に筆者らが発表した論文です。米国の心理学者・クロニンジャーが考案した気質・性格質問票（Temperament and Character Inventory, TCI）に基づき、211名の精神症状有り・無しの双方の慢性疲労症候群の患者さん達の気質・性格に関して健常者90名を比較対照として調べました。

その結果、慢性疲労症候群になった方々の気質・性格は、非常にまじめに物を考え、完璧主義の方が多く、また、几帳面に仕事や学業を行おうとするあまりに、通常より強いストレスを感じつつ、結果にこだわりくよくよする面が見られることがわかりました。新規性に対する興味は少し低く、慎重な面が見られ、また、損害回避に関する観念が強いことも明らかになりました。精神症状のある慢性疲労症候群の患者は、精神症状の無い患者さんと比較し、自己を信頼し認めるといった自己志向性が低いことも明らかになりました。患者さん達の疲労の度合いが強いほど、この自己志向性が低く、また、協調性も低いこと、また損害回避が強いことがわかりました。

このような気質・性格が原因なのか、慢性疲労がもたらす結果なのか、研究が必要ですが、いくつかの気質・性格には、神経伝達物質などが関連する遺伝子背景が知られています。

このようなことから、また、コミュニケーションが少ないと引きこもりがちになり、慢性疲労時にはコミュニケーションを行う気力が失われることをも鑑みる

気質特性の組み合わせによるパーソナリティーの特徴

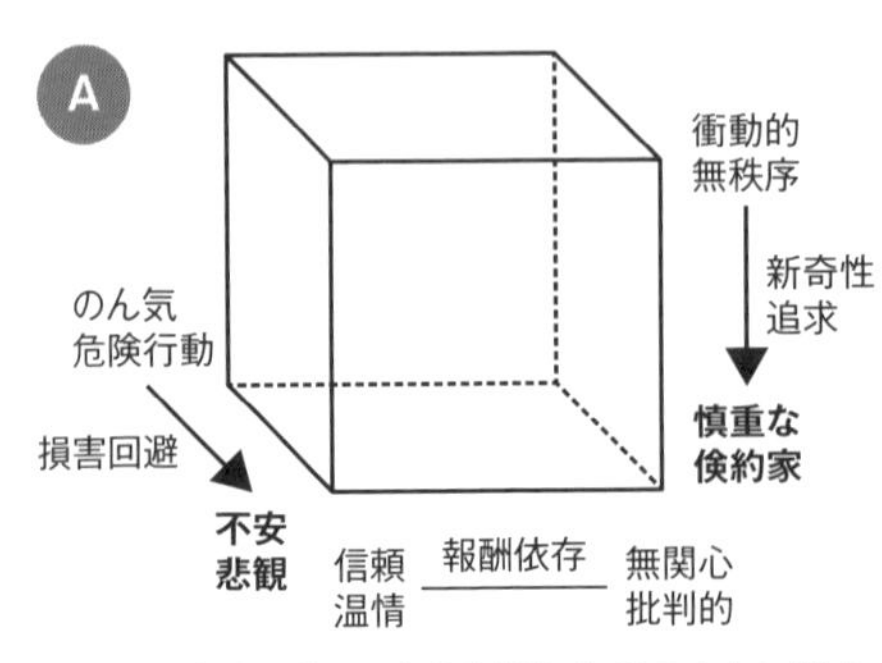

CFSは健常者に比べると相対的に矢印の方向に傾く

性格特性の組み合わせによるパーソナリティーの特徴

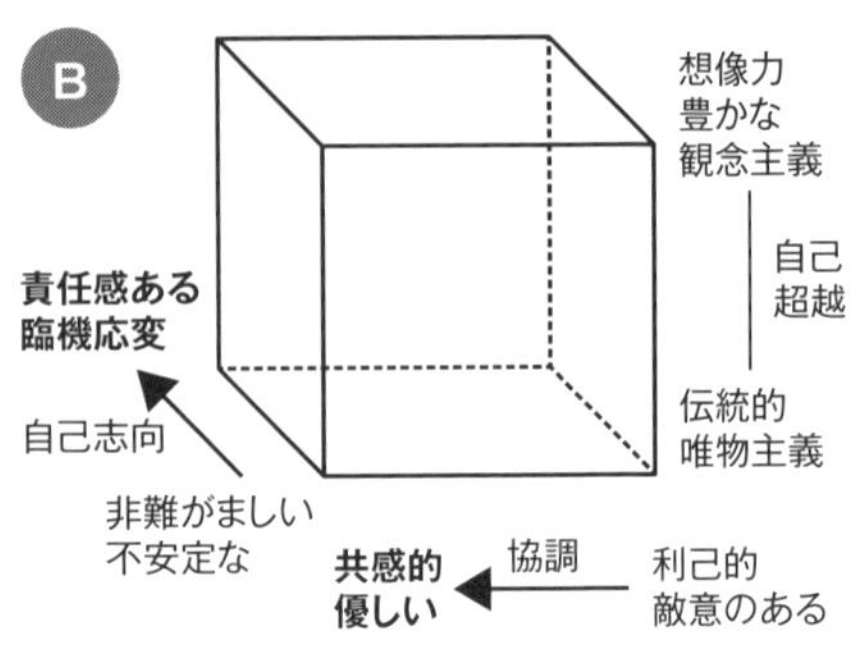

CFSは健常者に比べると相対的に矢印の方向に傾く

(Fukuda, S. et al., Premorbid personality in chronic fatigue syndrome as determined by the Temperament and Character Inventory. Compr. Psychiatry, 51: 78-85, 2010)

と、疲労緩和には、閉じこもりがちな気持ちを発散させる工夫、日常の「こころの持ち方」戦略が重要と考えさせられます。そのような意味で、慢性疲労症候群の患者さんや、小児慢性疲労症候群の患児たちに対し、専門医らは認知行動療法や園芸療法、動物介在療法などが奏功することの基盤を提供しています。

くよくよせず、目標を一段下げて、小さな成果でも毎日の喜びを見つけるように回りからの指導・助言が大切です。もしかすると一番の慢性疲労への薬は、小さな努力の成果を親しいヒトが褒めてあげることかもしれません。そのような周りの理解が是非必要です。

35 抗疲労サプリ・食品の開発

抗疲労物質

様々な原因による疲労の度合いを計測する指標（バイオマーカー）の開発、疲労動物モデルを用いた効能試験の実施とともに、抗疲労医薬品・食品、生活環境製品の開発が可能になってきました。筆者らは、これら開発されたバイオマーカーを用いて、とくに、抗疲労食品開発を目指す産官学連携プロジェクト「疲労定量化および抗疲労医薬・食品開発プロジェクト」（2003～2006年）に梶本修身教授を責任者として、大阪市、18企業、大阪市立大学、関西福祉科学大学、東京慈恵会医科大学、大阪大学と進めてきて、食品素材の効果を評価し論文化してきました。中では、アップルフェノン、アスコルビン酸（ビタミンC）、コエンザイムQ10、D—リボース、クエン酸、茶カテキン、クロセチン、ビタミンB1誘導体、イミダゾールジペプチド（カルノシン、アンセリン）の抗疲労効果を明らかにし、英文論文として発表しました。

このうち、イミダゾールジペプチドは、酸化バイオマーカーを減らし、運動性疲労で増加する免疫物質TGF—βの上昇を抑え、疲労感と疲労パフォーマンス双方に効果がある理想的な抗疲労食品であることが判明し、イミダゾールジペプチド含有飲料などが新しく開発されてきました。逆に、カフェインは、摂取時の覚醒は認めるものの、その後の疲労総体には悪影響を与えることも明らかになりました。また、日本疲労学会では、まず、運動性疲労の臨床試験ガイドラインを作成し、次いで、日常生活疲労に対する臨床試験ガイドラインも作成してきました。

抗疲労・癒しプロジェクト

大阪市・公益財団法人大阪市都市型産業振興センターでは、抗疲労の医学的研究成果から、疲労度の客観的評価法とバイオマーカーといったものさしにより、疲労回復や抗疲労に関する商品・サービスの客観的評価が可能となってきたこと、そして、「抗疲労」ビジネスを国民生活のQOL向上に向けた、社会的意義の高い取り組みであることに着目しました。

また、食品・飲料・機器・サービスなど既存の健康産業のほか、鉄道や航空機などの交通機関、住宅・商業施設・オフィスなどの設備関連、家具・衣類など裾野が広く、様々な分野の企業の参入が期待されることから、平成20年度より、エビデンスに基づいた商品やサービスの開発に取り組む企業を応援する、「抗疲労・癒しプロジェクト」に取り組んで来ました。

筆者らを中心とする医学的研究をビジネスに応用する連続講座や、「睡眠、運動、ツーリズム、心地よさ、抗疲労と美容」といったテーマで、ビジネス開発研究会を行い、企業と共同で健康博覧会他、イベントの出展、交流会やモニター会などに取り組み、参加企業は、300社を越えていました。抗疲労・癒し分野の商品やサービス開発をめざす企業ネットワーク「疲労☆バスターズ」の活動は、平成24年7月時点で154社となり、コラボレーションや協業も進んできました。

抗疲労レシピ

「抗疲労食」においては、平成21年の【大阪市立大学21世紀COEプログラム　公開シンポジウム】での、「抗疲労を考えた食事メニュー」の開発を皮切りに、当時の平松大阪市長の後押しをいただき、大阪市役所内食堂で【抗疲労を考えた特製御膳】の期間限定販売、そして渡辺恭良、福田早苗（現在、関西福祉科学大学教授）による、リビング新聞「毎日元気！疲労回復レシピ」の連載や、抗疲労レシピ本、「抗疲労食」書籍発売（平成23年7月、丸善出版）を受けて、平成24年度は、「おいしく元気に疲労回復レシピプロジェクト」を開催し、商品化プロジェクトを行ってきました。

その時の抗疲労効果がある物質とそれを多く含む食品リストがここに掲げる表になります。商品化の参画

エネルギーを増大させ、抗疲労に効果のある栄養素と食材

栄養素 1日あたりの推奨量 (※1食あたり1/3程度とする)	働き	多く含まれる食材 (1日の推奨量を摂取するために必要な、それぞれの食材とその摂取量の目安)
イミダゾールジペプチド (カルノシン、アンセリン、バレニン) 推奨量200mg/日	抗酸化作用・pH調整作用 ・疲労軽減効果	鶏胸肉(22g)、かつお(50g)、まぐろ(37g)、かじきまぐろ(14g)、鯨赤身肉(17g)、豚ロース肉(56g) 吸収効率等を考慮した量です。
ビタミンB1 推奨量1.1～1.4mg/日	炭水化物を エネルギーに変える	1.4mgを摂取するためには、豚ヒレ肉(140g)、生ハム(160g)、うなぎ(190g)、たらこ(200g)、大豆乾(160g)、青のり乾(160g)
還元型コエンザイムQ10 推奨量100mg/日	栄養素をエネルギーに 変える必須物質、 抗酸化作用も有する	100mgを摂取するためには、いわし(1,600g)、豚肉(3,000g)、牛肉(3,000g)、オリーブオイル(3,300g)、ブロッコリー(9,000g) この栄養素は推奨量を食材だけで摂取することは困難です。ただし、食材からの体内への吸収効率等はサプリメント等から摂取する場合と食材から摂取する場合に異なる可能性があります。
クエン酸 推奨量1～g/日	修復エネルギー産生の ために、TCA回路を 効率良く働かせる	レモン(1/2個)、みかん・グレープフルーツ(1/2～1個)、イチゴ(5～7個)、キウイ(1～2個)、梅干し(1～3個)、酢(10～20ml)
パントテン酸 目安量6mg/日	脂肪酸をエネルギーに 変換するために必須	鶏レバー(60g)、豚レバー(83g)、牛レバー(94g)、にじます(250g)、納豆(140g)、牛乳(1.1リットル)、ししゃも(308g)、アボカド(360g)
L-カルニチン 摂取目安量　1g/日	脂肪酸をエネルギーに 変換するために必須	ヤギ肉(450g)、ラム肉(500g)、牛肉(850g)、豚肉(3,600g)、岩ガキ(4,100g)
ビタミンC 推奨量100mg/日	抗酸化作用	レモン(120g)、グレープフルーツ(200g)、いちご(200g)、キウイ(200g)
アスタキサンチン 推奨量 6mg/日	抗酸化作用・持久力向上 脂肪代謝活性化	さけ(300g)、オキアミ(150g)、イクラ(700g)、エビ・カニ甲殻(3,000g以上) この栄養素は推奨量を食材だけで摂取することは困難です。ただし、食材からの体内への吸収効率等はサプリメント等から摂取する場合と食材から摂取する場合に異なる可能性があります。

企業は、18社にのぼりました。そんな中、食関連の企業からは、独自のメニューや商品開発を、料理教室でのテーマに、スーパーの催事のテーマ、病院食での提供に、といった要望が出ており、どんな食材をどのように、どのくらいとればよいかという基準をつくって欲しいとの声が、多数寄せられて、この表は作成されました。実は、もっと詳細な表もあります。

次の項にあげるように、「抗疲労食」の取組みをさらに充実・普及していくことで、全国や世界に元気を届けるバリューチェーンとリーディング企業の構築により、市場創出と雇用拡大、さらには、疲労の回復や疲れにくい体づくり等につながる「抗疲労」分野への消費者や企業の関心を高めて、新商品・サービスの開発のきっかけとなることをめざしてきました。ところが、大阪市長の交替により、平成26年度にはこのような貴重な大阪市やその外郭団体の活動は休止になりました。

36 抗疲労食の開発

活性酸素をどうするか

前述したように、人が生命活動を行う中で、全身では多くの活性酸素が生産されます。この活性酸素（酸素ラジカル）が疲労の取っかかりの原因因子として考えられています。また、この悪玉の活性酸素（酸素ラジカル）は、細胞を酸化させ一次的に傷つけてしまう疲労に加え、細胞の傷が修復できないままの状態で残ってしまう「老化」につながってしまうことも明らかになってきています。皮膚のしわなども酸化が関係していることがわかってきています。

身体のホメオスタシス（恒常性）を維持する仕組みや質のよい充分な睡眠など、体内の抗酸化物質の作用による疲労回復（細胞の酸化状態からの回復）に努めることはもちろんですが、活性酸素の発生を抑え、発生した活性酸素を解消するために必要なエネルギーとなる食べ物や、修復エネルギー産生のために必要な栄養素をとることも重要なポイントになります。また、疲労の3番目のメカニズムである局所炎症を抑える食べ物（イチョウ葉エキスやある種の脂肪酸など）も重要です。

このような、食生活の面からの抗疲労に関する研究では、先述の「疲労定量化および抗疲労医薬・食品開発プロジェクト」（2003-2006年）があります。

このほかにも、大阪市と（公財）大阪市都市型産業振興センターが2011年に実施した「抗疲労レシピコンテスト」や著者らが大阪北新地の料亭オーナーシェフの浦上浩さんと作った『毎日の食事が疲れに効く！ 抗疲労食』（2011年オフィスエル、丸善出版）では、抗疲労にはどのような栄養成分が役に立っているのか、それら栄養素を含む食品やおいしく食べて疲れを回復し、元気になるレシピなどを紹介するなど、抗疲労成分や「抗疲労食」に関する研究を積極的に進めてきました。

日本食の研究

さらに、最近、筆者らは抗疲労食材を使用した日本食の研究も行っています。

2013年12月に『和食』がユネスコ無形文化遺産に登録されました。これを機に、日本の食への関心は国内に留まらず海外からも高まり、いま世界の注目を集めています。日本食はなぜ健康によいのか。日本食は健康にどのように寄与しているのか、これらの質問に科学的に答えることは重要な課題と言えます。

この課題に対して、農林水産省では、農学分野と医学・栄養学分野の研究者、日本文化の研究者、さらには研究者のみならず、調理法や日本食に関する伝承に精通している料理人など多様な領域をまたぐ、異分野融合研究を促進するプロジェクトとして、革新的技術創造促進事業（異分野融合共同研究）「医学・栄養学との連携による日本食の評価」という研究戦略を2014年度に策定し、全国規模での研究を開始しました。

その中で、筆者らは、既に開発してきた「抗疲労食」を基に、抗疲労・抗ストレス・脳機能向上の効果が期待できる日本食と、それに対するコントロール食開発

抗疲労弁当

のためのワーキンググループを2014年度に立ち上げ、日本食と20～60歳代の男女同数で計1030名を対象とした「夕食の定番メニュー」などのwebアンケート結果を基に開発したコントロール食の献立の微調整や宅配容器と宅配方法について協議してきました。一番は、コントロール食を何にするかという点で、これは、1000世帯に1週間の夕食の献立や各家庭の定番夕食メニューを聞き、多数のデータから「日本の家庭で最も食されているメニュー」3週間分を選定しました。抗疲労日本食とコントロール食中のカロリー、塩分、タンパク質量なども一致させることを決定しました。食事量や被験者募集方法など試験実施のための具体的な協議を行い、試験実施期間中の研究実施者と宅配業者の役割分担を明確にするなど試験実施のための最終確認を行いました。

日本食とコントロール食を用いた2群間クロスオーバー試験を2015年に行いました。大阪市立大学健康科学イノベーションセンターの倫理委員会にて承認された同意説明文書を用いて研究概要を説明し、全ての参加者40名の試験参加同意書を書面で取得した後、各被験者は、PC版の認知機能課題の練習、心電図と脈波の同時計測による自律神経機能検査の練習および食事内容（BDHQ）や疲労・ストレス関連質問票に回答し、また、睡眠記録のための腕時計型の活動量計の操作方法および生活日誌の記録方法を習得しました。

グループAまたはグループBにランダムに割付けられた各被験者は、日中に宅配される試験食（抗疲労日本食またはコントロール食）を20日間摂取しました。毎日、作って宅配する方も大変ですが、毎日決まった時間帯に宅配された夕食のみで過ごすことも大変です。2週間のウォッシュアウト（その間、宅配は休止）期間を経て、グループA、Bの各被験者は、抗疲労日本食でスタートしたグループはコントロール食を、その逆の順番のグループは逆の割当てられた試験食を20日間摂取し、試験食摂取後の試験4回目検査を終了後、全データの解析を行いました。その後、どちらが抗疲労日本食だったのかをこの試験の管理者が報告します。

40名の被験者候補に説明会を行いましたが、6名は辞退され、また、所用で食事を受け取れなかったり、トータル8週間の試験機関なので、急な出張などで遂行できないヒトがでてきて、最終的に24名（女性12名、男性12名、21〜69歳）のデータをいただくことができ、解析を行いました。

日本食、疲労に効果あり

Visual analogue scale（VAS）検査における自覚的な疲労感については、摂取前の抗疲労日本食群とコントロール食群間で有意な差が認められるものの、抗疲労日本食群においてのみ3週間の摂取後に疲労感が有意に低下しました。自律神経機能解析から、コントロール食群においては、摂取前後に安静時の交感神経活動（LF）が有意に増加しましたが、抗疲労日本食摂取群においてはこのような変化はみられず、むしろ低下傾向にあり、抗疲労効果がきちんと証明できました。酸化傾向を表す血液成分においては、抗疲労日本食群においてのみ、摂取前から摂取後にかけて有意に低下しました。この変化はコントロール食群ではみられませんでした。抗疲労日本食群における摂取前後のこの成分の変化率（摂取後の濃度値／摂取前の濃度値）は、Chalder疲労スケールから算出した自覚的疲労症状の摂取前後における変化率と正の相関関係にあることもわかりました。

結局、抗疲労日本食摂取時に自覚的疲労感と安静時交感神経活動の低下作用、つまり疲労・ストレス軽減傾向が認められ、血液中の酸化成分も摂取前後で有意に低下しました。抗疲労を考えてデザインした日本食は、日本人にポピュラーな食事と比較して日常生活における疲労・ストレス軽減と脳機能改善効果をもたらし、健康増進に資する機能的食であることが明らかとなりました。

『抗疲労食』の本は、この抗疲労日本食のメニュー開発を進めてきたので、最新の知識を入れて、続編が2016年9月に刊行されました。その後、2018年のおせち料理にこの抗疲労日本食のコンセプトを活かそうと某百貨店が企画し、協力監修しました。抗疲労日本食は、駅ナカのコンビニエンスストアに抗疲労総菜が置かれるなど、どんどん広がりを見せています。海外からの引き合いも多くなっています。

37 抗疲労製品開発　環境、空調

癒し空間

癒しをもたらす空間についての研究も進めています。例えば、私たちの住環境について。積水ハウスとの共同研究で得られた結果ですが、大きなリビングの窓により室内から庭へと自然な繋がりを感じることができる開放的な空間「スローリビング」は、そうでない空間に比べて、パソコン作業で精神的に疲れた状態からの疲労回復過程において、自覚的なリラックス感や癒しを感じる度合いが高く、自律神経機能と認知機能を改善させ、疲労感が緩和されることがわかりました。

照明を活用した、癒し研究もあります。休息を促すための夕焼けをイメージしたオレンジピンク色と、集中して作業がはかどるための桜の花びらをイメージした薄いピンク色の調色が可能な「さくら色照明」は、シャープにより開発されました。就寝前後の快適性などの自覚的な感覚と就寝中の睡眠評価を行い、さくら色照明は、一般的な暖色または寒色の照明に比べて、睡眠の質を改善させ、自覚的な熟睡感、目覚めの良さ、癒しや快適性が対ことも明らかとなりました。

エコナビスタは、このさくら色照明を取り入れた室内空間快適制御システム「快眠健康ナビ」を開発しました。本システムは、照明のみならず、カーテン、アロマディヒューザー、空調などの設備機器をタブレットPCなどでタイマー設定などの自動制御を行うことができ、自然光による目覚めであったり、みどりの香りのアロマを用いた副交感神経の活性化など、睡眠改善や自律神経機能の改善を促します。

また、毎日の睡眠の量や質を把握することで、高齢者の体調を見守る製品も開発されています。加齢とともに疲れやすくなる高齢者にとって、良質な睡眠を得ることは、健康の維持に欠かすことができません。

センサーマットをベッドの下に敷き、睡眠の状態をリアルタイムに解析することで、睡眠中のわずかな変化も直ぐに知ることができます。これは、健康維持を目的とするだけでなく、例えば、高齢者施設などで寝付きにくい方などを施設スタッフがすぐに把握することで、睡眠改善のためのサポートを素早く行うことができるようになります。

癒やしや健康の見守り研究は、いまでは高齢者の介護の現場で、とても重要な役割を担いつつあります。

都市部の外気温が高い現象、ヒートアイランドが健康へ与える影響も懸念されています。筆者らの大阪在住の602名を対象に8～10月に実施した追跡研究からは、よく眠れていないヒトの疲労度は、外気温が高いとより強くなることが分かりました。疲労軽減のためのエアコンなどの精緻な空調制御の重要性が高まってきており、筆者らは疲労と空調制御に関する本格的な研究を開始しました。

センサーマット

センサーで睡眠状態をリアルタイムで解析

スローリビング

38 子どもの疲労の緩和策 日常生活環境

子どもは睡眠をしっかりと

子どもの疲労の緩和のためには、睡眠をしっかりとれる環境と習慣作りが重要です。良質な睡眠をとるためには、入眠前に、スマートフォンなどの強い光を浴びない、興奮作用のあるゲーム、テレビ、メディア視聴などを避ける、ソーシャルネットワーキングサービス（SNS）を使って外部とコミュニケーションをとりすぎない、など「強い光」と「興奮」をうまく避けることです。

SNSによるクラスメイト等とのやりとりはコミュニケーションエラーを生じる可能性があり、これが解決しないと翌日の登校時まで不安感の高まりにより睡眠の質が低下することが懸念されます。幾つかの自治体では小中学生のスマートフォン使用制限時刻を定めるなど、子どもの健康増進のための取組みがなされています。また、家族と過ごす時間、学習や勉強を頑張った時に褒められる機会が多い小中学生は疲労度が低いことを加味し、帰宅後はできるだけ子どもと家族が向き合う時間を設け、学校生活や学習・勉強について家族間で密なコミュニケーションをとることで、子どもが安心感を得て、睡眠の質を高めることが重要と考えます。

睡眠を十分にとることができると、朝目覚めた時にイライラせずスッキリ感が得られます。平日の睡眠時間が長い子どもは、登校前に朝ごはんをしっかりと食べていることも明らかになっています。逆に言うと、睡眠不足の子どもは登校時間のギリギリまで寝て、朝食よりも睡眠を優先してしまいます。その結果、登校後の午前中は、寝不足のため居眠りも多く、そして食事をとっていないためエネルギー不足で脳がうまく働かず、授業にも集中できないと考えられます。給食後は、エネルギーが補われることにより、ある程度授業にも身が入りますが、すぐに夕方を迎えてしまい、今日一日を振り返っても満足感・達成感が得られにくいのではないかと思います。

ネガティィブサイクルから ポジティィブサイクルへ

そこで、帰宅後、満足感や達成感を得るために興奮性の高いメディアに接触する、あるいはＳＮＳに励む、と同時に強い光を浴び続けることでまた寝不足になってしまいます。この「生活のネガティィブサイクル」に陥らないような生活を工夫していき「生活ポジティィブサイクル」に移行することが必要です。

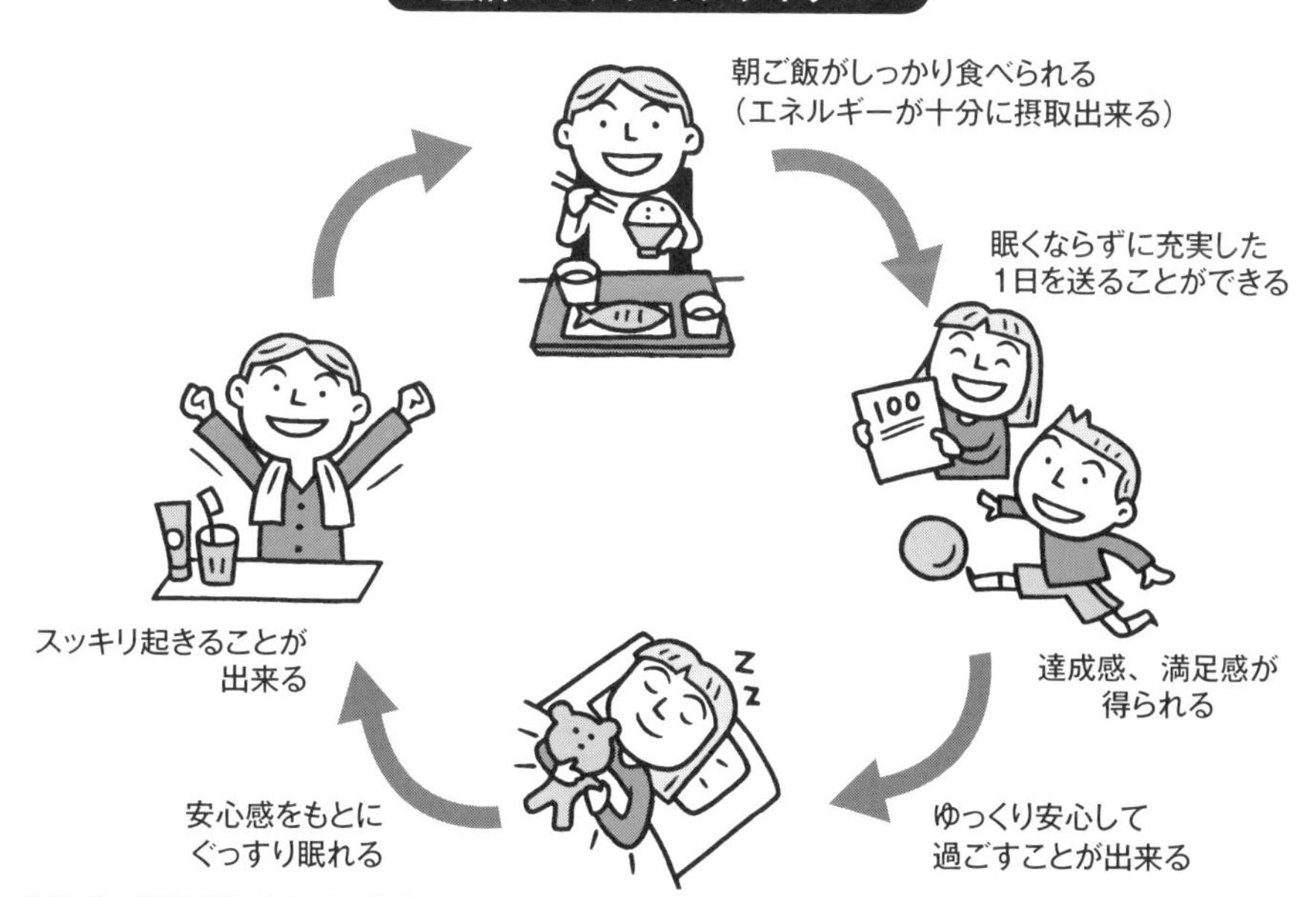

西川リビング「眼育冊子」をもとに作成

39 高齢者の疲労の緩和策1 日常生活環境

セラピーロボット

高齢者の日常生活の中で、室内温度・湿度・清浄度のコントロールの必要性も高いですが、現在も今後も、独居高齢者が増加していきます。介護施設においても、様々な活動があるとはいえ、やはり「ヒトは一人ぼっち」という孤独感・疎外感にさいなまれつつ生きていきます。コミュニケーションを取っていないと、ますます、ヒトとコミュニケーションを取る意欲が薄れ、認知機能も働かずに低下し、負のスパイラルに入って行きます。そこで、ピップ株式会社および株式会社ウィズは共同で比較的安価で入手しやすいコミュニケーション型セラピーロボットである『うなずきかぼちゃん』を開発しました。

『うなずきかぼちゃん』は、素朴な風貌と明瞭な発話、うなずき動作で高齢者に安らぎを与える高齢者向けコミュニケーション型セラピーロボットです。筆者らは、2011年秋に、この『うなずきかぼちゃん』の抗疲労・癒し効果を明らかにするために研究を実施しました。試験は、癒し人形としての『うなずきかぼちゃん』と、コントロール人形（『うなずきかぼちゃん』からうなずき動作及び発話をしない状態にしたもの）との比較試験の形式で行いました。その結果、癒し人形である『うなずきかぼちゃん』には、2ヶ月間一緒に生活することで、認知機能（Mini-Mental State Examination、MMSE）が改善する傾向が認められました。更に、一緒に生活する前と比べて、中途覚醒が改善し、睡眠時間の増加もみられました。加えて、全試験終了後の質問において、「抗疲労」、「意欲」、および「癒し」が、コントロール人形に比べて優れている

うなずきかぼちゃん

ことも明らかになりました。その研究成果は、高齢者がコミュニケーション型ロボットと生活を共にすることで、抗疲労・癒し効果が期待されるとともに、「認知症予防」効果の可能性も示唆していました。同様の試みは、犬猫をはじめとするペットの効果（アニマルセラピー）や親族との直接会話やリモート会話などでも達成されるはずです。

日誌を書く

また、多くの高齢者の方がされていることかもしれませんが、簡単なメモ程度でも良いので、日誌に出来事と感じたことを書き込むことも良いと思います。自分の記憶・記録としても、また、家族・親族・友人とも交換形式にするともっと良いです。著者渡辺の母親は、90歳で亡くなりましたが、毎日、自分の周りで起きたことや思い出したことなど、書き記していました。頭が十分に働かないことを嘆いてはいましたが、手を動かし字を書く、字を思い出すことも含めて、一度は脳出血で苦しんだ脳機能が最後まで清明だったように感じます。

40 高齢者の疲労の緩和策2 食事と運動

サルコペニア（加齢による筋肉量の低下）対策として、タンパク質を多く含む食事、すなわち、肉食や、無理のない運動が挙げられています。実際の計測とそれに対応する食事指導や運動指導は一部に行われているものの、まだまだ個別健康の最大化というところに至っていません。また、フレイル（虚弱）対策としては、認知機能や注意・集中機能、自律神経機能などに非常に関心が高いのですが、地方自治体の活動が盛んなところもあれば、一診療所や医院の裁量での活動、ボランティア団体の方々の活動などに拠っています。

食事は、それぞれの好み、味付けもあり、なかなか難しいものの一つです。ただ、抗疲労日本食の開発や、多分、抗脆弱化食の開発など、様々な試みをし、きめ細かく高齢者の食事開発を行っていくことが肝要です。また、そこには口腔衛生の観点から、歯、歯茎の健康も大いに重要です。ここにも様々な試みがなされています。食物を噛む、香りをかぐ、味を感じることも脳に刺激を与える重要な要素で、食事の内容物のみでない部分があり、誤嚥性肺炎などを避けるためにやむを得ない流動食や胃瘻などにより、高齢者の健康がどんどん後退していく様を良くみかけます。

歩ける環境づくり

運動に関しては、運動の必要性を告げることは簡単で誰しもわかっていますが、では、どのようなメニューをこなしていくのが良いかというと、これも個別化が必須です。メタボリックシンドロームや生活習慣病予備群などの対象者には、一時間以上歩く、あるいは、速めに歩くことが指導されていますが、果たして仕事せずに一時間以上歩けるヒトが何パーセント居るでし

歩行の4次元計測

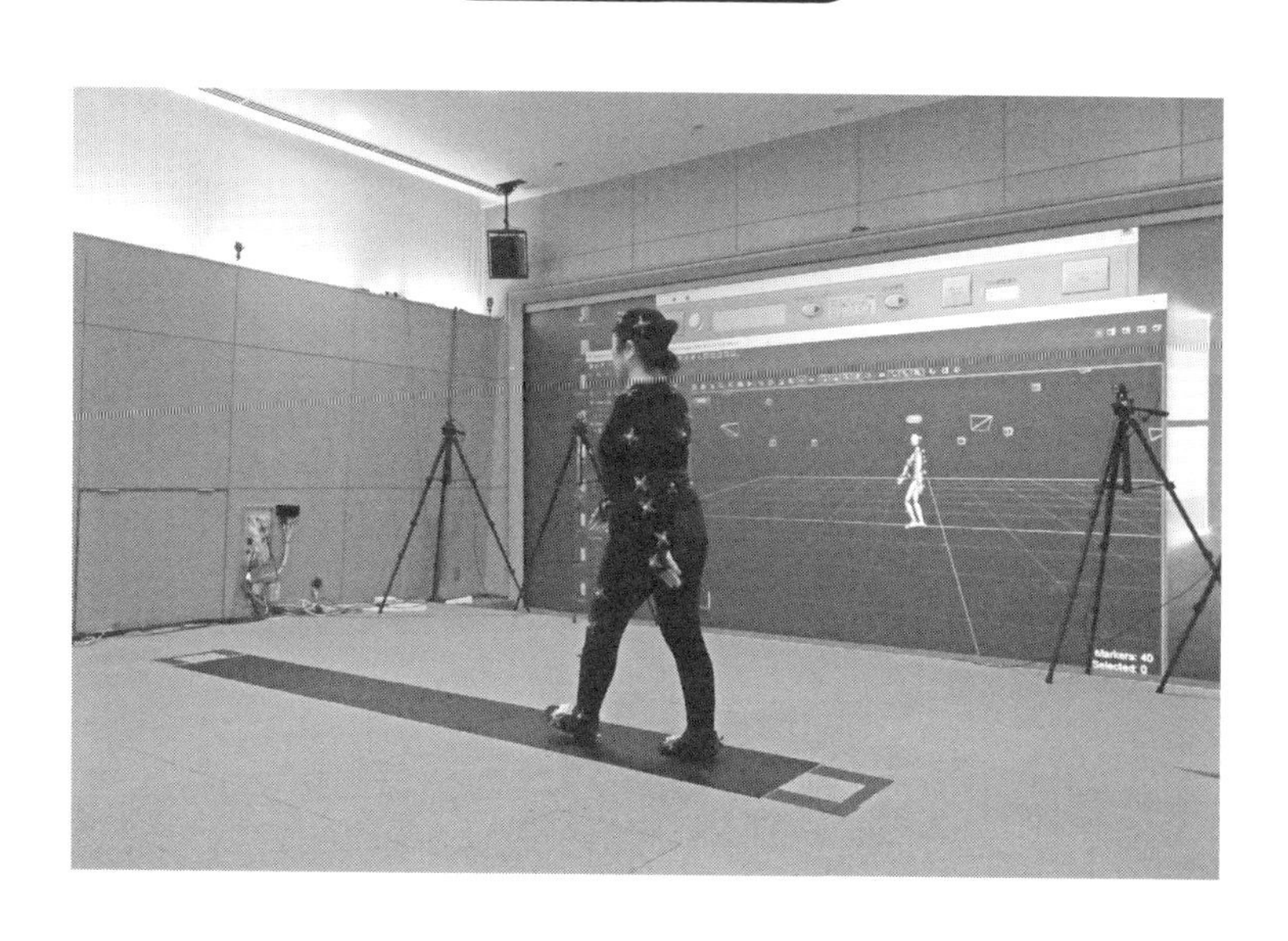

ょうか？　職場で動ける環境を構築した方が良い。しかし、動くことが仕事の能率低下を引き起こすなら、それはマイナス要素なのです。集中して物を書こうとしたり、考えをまとめたりしたい時は、注意が散乱する移動や動きはかならずしも良くないが、行き詰まった時には、軽い運動により脳血流が上がり、脳活動がクリアになる局面もあります。

　また、健康計測の中で、歩行パターンや筋肉量の計測などにより、転倒防止策や運動アシスト機能利用策などのソリューションを提案することができます。前述の理化学研究所を提案機関とした「健康脆弱化予知予防コンソーシアム」（http://www.riken.jp/outreach/consortium/health/）の活動の一環として、情報基盤センターの姫野龍太郎センター長を中心にモーションキャプチャー等を用いた歩行の4次元計測を行い、高齢者の歩行に関する提言も行っていく所存です。

41 高齢者の健康で生きる意欲を最大化するには

生きる意欲は、どこから生じているのでしょうか？　もちろん、健康であることが生きる意欲を持つために最も重要なことかもしれません。しかし、高齢者になると必ずしも100％の健康状態ではなくて、どこかに病的な部分があったり、脆弱化したりしている部分もあるでしょう。そのような中で、病的な部分や脆弱化している部分を改善できる、ないしは、改善の実行をしている状況では、そのために注意を向け、もし、少しでも改善すれば、それを励みに生きていくことが可能です。そのようにみると、もともと健康のレベルの数値化とそれを自分の記録としてわかりやすい形で持っていることが重要視されます。そこで、定期的に健康計測を行うことが重要で、これは、これまでの「病気を検出する」健康診断ではなく、新しい計測を加えた「健康脆弱化」計測でないといけません。

理化学研究所「健康脆弱化予知予防コンソーシアム」の提唱者である牧野内昭武研究顧問は、高齢者の「健康設計手順書」を提唱し、その実現に向けて、筆者らは日々努力しています。また、そのような理念を持った実際の活動として、和光市と帯同した健康計測事業や、後述する「大阪市立大学健康科学イノベーションセンター」や「健康生き活き羅針盤リサーチコンプレックス」の活動など、現実に多くの人達が活躍でき、また、人財育成もできる拠点を作っていくことも重要です。

「生きがい」を持つ

ただ、ご自分も後期高齢者になられた牧野内先生がいつもおっしゃっていることは、『生きがい』です。年を取っても、自宅に引き込んでしまうことなく、社会と関わりを持ちつつ自分のできる貢献をすることが重要です。国のライフサイエンス委員会は、「老化」研究をさらに推進することに決定しました。理化学研究所も国策に帯同し、「老化」研究を進めます。もちろん、ライフサイエンスとしての老化による脆弱化研究や介入研究は重要です。その中で、どんなに生きても125歳が限界というテロメアの長さやDNA損傷などから割り出した仮説があり、いまだ大隈重信翁が精神論から提唱した人生125歳限界説を覆した事実はありません。ただ、現時点で120歳を超えたヒトは、19世紀の生まれであり、20世紀後半に生まれた、あるいは、21世紀に生まれた人達と明らかに生活環境や食べてきたものが異なり、また、病気に対する予防概念も進んできているので、科学的に意味のない限界説は無用と思われます。ただ、そこに生きる意欲と生きてやらねばならないことが重要になってくるのです。このようなところを突き詰めたものが真の意味での「健康設計手順書」になります。「個別健康の最大化」は、やはり、Spiritual な部分にあると言えます。

1.データ分析によるリスク予測
2.リスクに対する予防法の開発、提案

健康情報データ

過去の健康データ

プラス

理研独自の健康計測

リスク予防法

コンソーシアムによるオープンイノベーション

企業群

国策との連携

健康データの利活用法

次世代医療ICT協議会 ⟷ AMED

42 疲労・過労の少ない世界へ 政策的試み

時間密度か集中度などにより疲労度も異なる

疲労・過労の少ない世界への誘いは、全世界で行われていると言っても過言ではありません。労働科学・産業医学の世界では、長年、作業能率と休憩・休暇の研究を続けています。とくに、残業時間と過労死との関係や、労働環境やシフト勤務体制に関して、研究成果に鑑み、様々な政策的対応が行われてきました。労働基準法に定められている残業時間は、事業者と労働組合とで36協定を結ぶ必要があり、例えば1ヶ月45時間、1年360時間などの限度が示されています。最近では、2015年12月より、労働安全衛生法により50名以上の労働者を雇用する事業所では、毎年1回のストレスチェックが義務づけられました。このように、過労死に至らないように様々な法律改正・制度改正がありますが、本当に遵守されているのか、また、研究者のように裁量労働制であり、自発的に時間外労働が月120時間以上もあるような者をどのように指導していくかは大変難しいところです。また、万人が認めるところであると思いますが、労働は必ずしも時間ではありません。時間密度や集中度、難易度により、疲労度も異なります。

日本発の取り組みを!

結局、客観的疲労度と主観的疲労度、また、様々な疾患の早期兆候（未病シグナル）を計測する手段と仕組みが必須です。そのような観点から、やはり、本書で触れてきた自律神経機能を中心とする、生命維持機能の乱れを確実に計測することが必須なのです。その

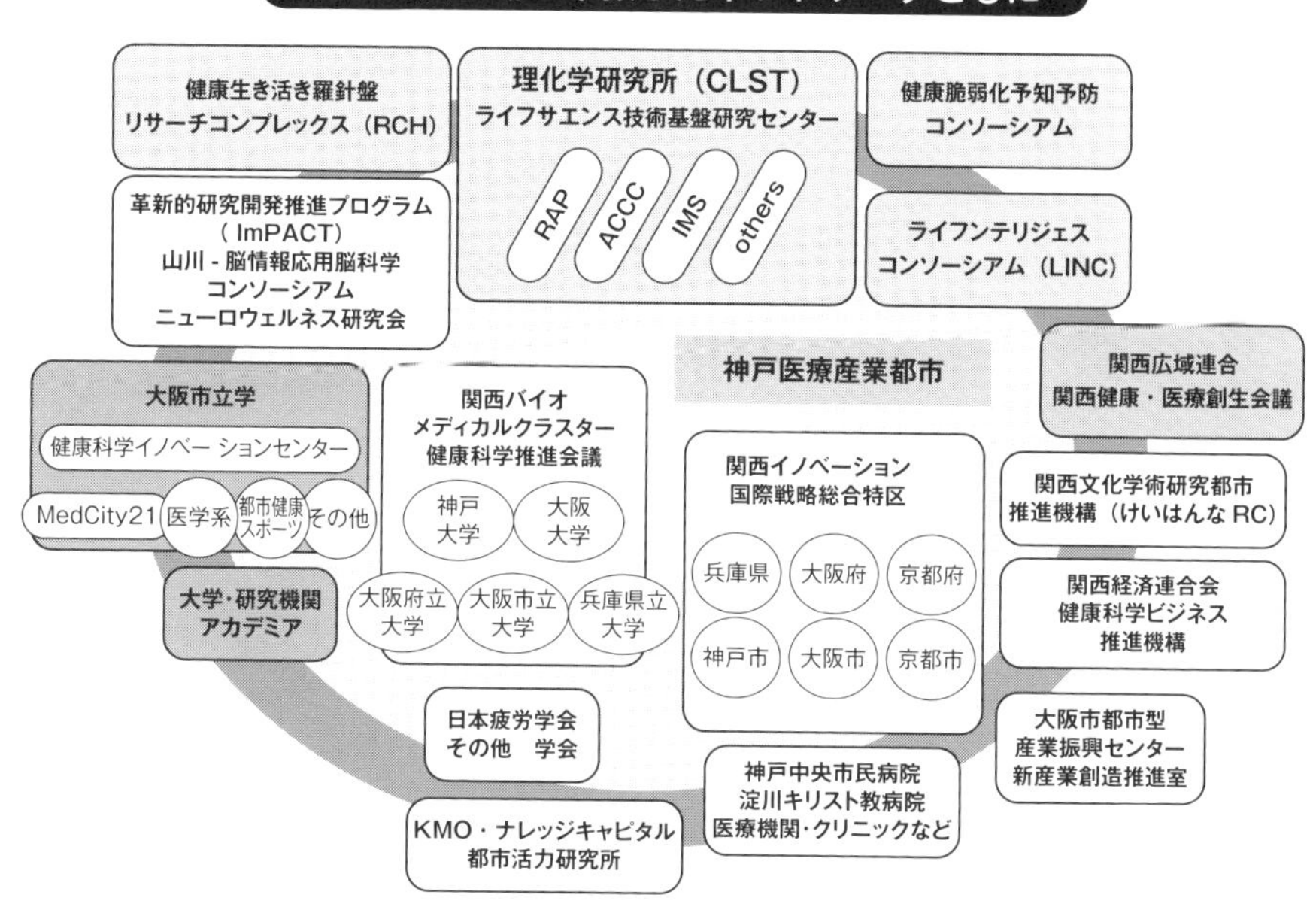

観点から、このような計測に主軸をおいた政策展開に大いに期待したいところです。日本発の国際語である〝karoshi〟を減らすためにも。そのためには、次の項にも掲げる新しい日本発の取り組みが必須です。

上図は、私たちが取り組んでいる健康科学、疲労科学のほとんどを表しています。健康生き活き羅針盤リサーチコンプレックス推進プログラムは、44項に、うめきた1期計画による大阪市立大学健康科学イノベーションセンターの活動は、43項で取り上げます。他には、関西産官学を結集した「関西健康・医療創生会議」や関西経済連合会と健康科学推進会議の「健康科学ビジネス推進機構」の活動などがあります。

図のように、山川義徳博士がProgram Managerをされている内閣府ImPACTのプログラムによる脳科学に基盤を持つ脳の健康指標の標準化とそれを用いた産業利用も加速して推進されています。また、医療法人の皆様や薬剤師の方々、介護や看護に関わる方々、多くの機関・団体がこのような「健康を守り病気にならない科学・医学」を実際に社会実装しようと動いてくださっています。

43 健康科学イノベーションセンターの取り組み

健康増進の情報基地

国際戦略総合特区としての活動で、大阪駅前グランフロント大阪のナレッジキャピタル拠点「うめきた」では、大阪や関西に暮らす人々の健康を増進し、「病気にならない科学・医学」を推進するための情報基地を作り、慢性疲労、慢性疼痛、慢性意欲低下を対象にして未病関連の健康コンサルテーション・健診を前向きコホート的に進めることにより、健康科学を推進しています。このようなシステムを利用し、健康科学産業・ビジネスのプラットフォーム・アンテナショップを形成することが具体的に検討されてきました。2012年10月には、関西経済連合会が文科省・経産省の共同クラスター事業で展開してきた「健康科学推進会議」とも帯同し、「健康科学ビジネス推進機構」を立ち上げました。

イノベーション創出

これらの活動を含めて、2013年7月に大阪市立大学は、健康科学の拠点作りを目指して、健康科学イノベーションセンター（http://www.chsi.osaka-cu.ac.jp/）を開設しました。単に大学・研究機関からの健康科学に関する研究成果を披露・発信する場として活動展開するのではなく、「みんなで〝拓く〟健康科学イノベーションの〝ベースキャンプ〟」をスローガンに、産・学・官・医・消費者が一緒に連携できる健康科学推進拠点を創ることを目標にしてきました。毎日約250万人が行き交う〝大阪駅前〟地区に立地するグランフロント大阪・ナレッジキャピタル内に、大阪市立大学の新しいセンターとして開設されて以来、

健康科学分野でのイノベーション創出

平成26年度～

消費者・ユーザー

うめきたならではアクセシビリティー、駅口導入

健康コンサルテーション・健康関連商品試供

多種・多様のデータ（健康×生活環境等）

会社帰りのビジネスマン
未病状態
健康志向市民
アスリート…etc

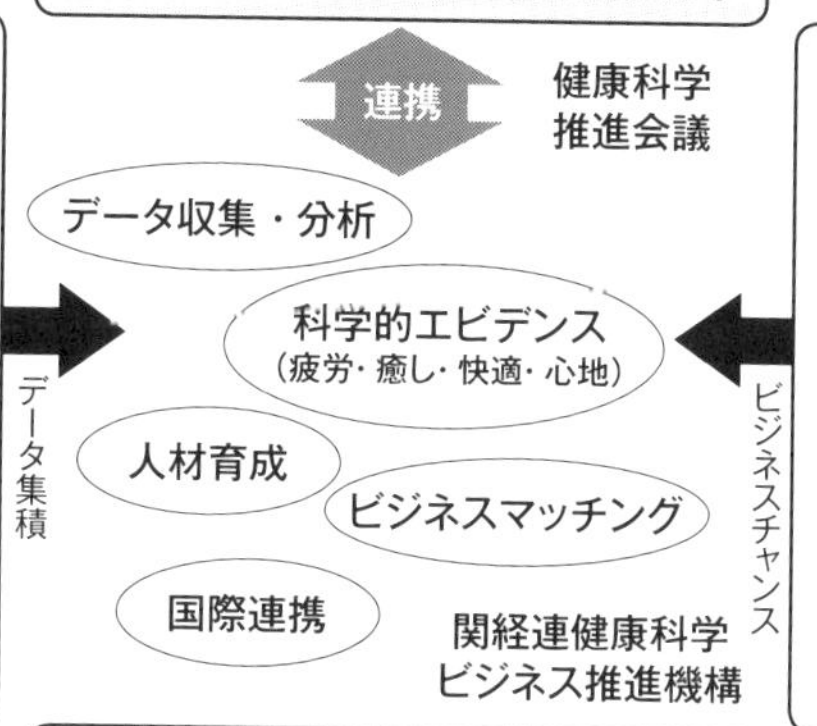

平成25年度～

企業

新ビジネスを求めて

既存の枠にとらわれない多様な業種

食品・医薬品
化粧品メーカー
住宅メーカー
家電メーカー
フィットネスクラブ
旅行代理店…etc

うめきた健康科学拠点

新製品・サービスの創出と社会全体の健康増進

健康維持・先制医療への先進的取り組み（健康科学研究）に関する発信に加え、簡易疲労計測機能を用いたパイロットプロジェクト「健康見守り隊」の実施や、他大学・研究機関（学学連携）、企業（産学連携）、さらには、医療機関等との連携を通じた健康科学領域の新たな成果や製品・サービスの創出等を進めて来ました。

疲労・抗疲労の医学・科学を中軸にして、より身近な〝健康・健康科学〟領域のイノベーション創出を体感していただける場として活動しています。

一口メモ

研究室で閉じられた研究だけでなく、市民参画型の研究から新たなイノベーションを!

44 マイナンバー制と健康設計、リサーチコンプレックス

マイナンバー制が施行され、私たちは様々な情報の包括的管理ができ、その利便性を享受できると思っています。とくに、健康医療情報では、これまでにかかった各病院にしかないカルテ情報や様々な検査・治療情報、大容量の医用画像情報などが散乱しており、個人が倒れた際に、本人のみでなく家族でさえも過去の十分な情報を思い出せない・知らない状況があります。そうすると、一から多くの検査をしないと確定診断や適切な治療方針を打ち出せず、場合によっては手遅れや予見はずれのために、患者・家族・介護者・医療従事者に多大な損害が生じることがあり、多くの繰り返し検査は医療経済破綻の一因でもあります。

筆者渡辺は、北欧、とくに、スウェーデンとの共同研究が長く、北欧の健康医療情報に関して詳しいですが、先方ではパーソナルナンバー取得により、医療情報もパーソナルナンバーで管理されており、患者が自分の情報として、また、医療機関が患者のこれまでの検査値・医用画像などにアクセスすることができます。我が国のマイナンバー制を健康医療情報に反映するかどうかは、現時点では自治体の独自判断ですが、内閣官房の健康医療情報ICTタスクフォースでは、マイナンバー制の有効かつ安全な活用により、私たちの健康医療情報を一元化できる制度作りを検討していま す。これは、我が国にとっては、医療費削減を見据えて、どうしてもやらなければいけない仕組み作りです。

「個別健康の最大化」プロジェクト

そのような健康医療ビッグデータを取得（特に健康計測データ）、データベース化し、また、様々な介入方法を自ら長期にわたって試用することなく、多くの

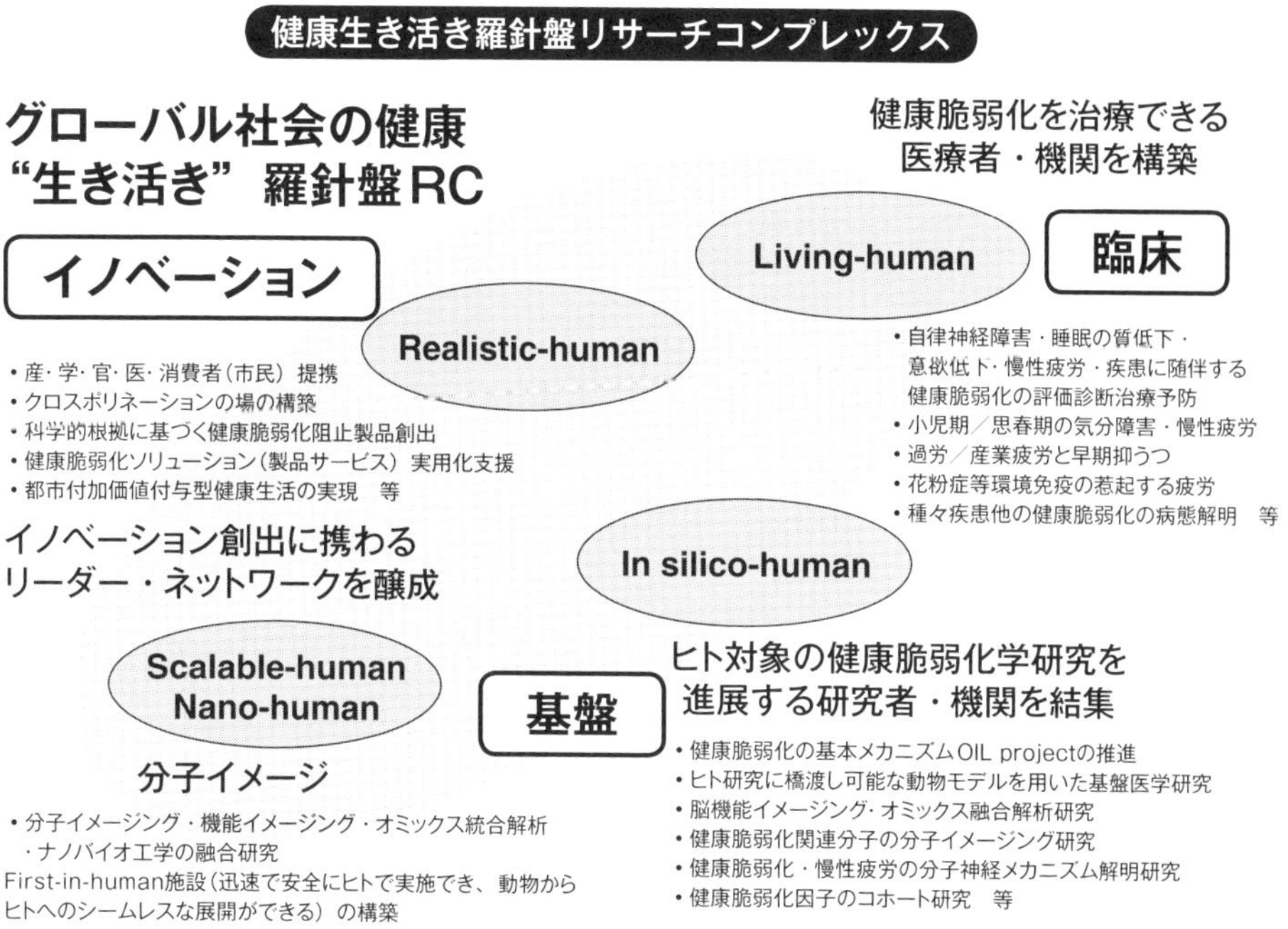

健康生き活き羅針盤リサーチコンプレックス

グローバル社会の健康
“生き活き” 羅針盤RC

健康脆弱化を治療できる
医療者・機関を構築

イノベーション

Realistic-human

Living-human

臨床

- 産・学・官・医・消費者（市民）提携
- クロスポリネーションの場の構築
- 科学的根拠に基づく健康脆弱化阻止製品創出
- 健康脆弱化ソリューション（製品サービス）実用化支援
- 都市付加価値付与型健康生活の実現　等

- 自律神経障害・睡眠の質低下・意欲低下・慢性疲労・疾患に随伴する健康脆弱化の評価診断治療予防
- 小児期／思春期の気分障害・慢性疲労
- 過労／産業疲労と早期抑うつ
- 花粉症等環境免疫の惹起する疲労
- 種々疾患他の健康脆弱化の病態解明　等

イノベーション創出に携わる
リーダー・ネットワークを醸成

In silico-human

Scalable-human
Nano-human

基盤

ヒト対象の健康脆弱化学研究を
進展する研究者・機関を結集

分子イメージ

- 健康脆弱化の基本メカニズムOIL projectの推進
- ヒト研究に橋渡し可能な動物モデルを用いた基盤医学研究
- 脳機能イメージング・オミックス融合解析研究
- 健康脆弱化関連分子の分子イメージング研究
- 健康脆弱化・慢性疲労の分子神経メカニズム解明研究
- 健康脆弱化因子のコホート研究　等

- 分子イメージング・機能イメージング・オミックス統合解析・ナノバイオ工学の融合研究

First-in-human施設（迅速で安全にヒトで実施でき、動物からヒトへのシームレスな展開ができる）の構築

ヒト介入試験データを参照して高度なコンピューターシミュレーションを行い、「個別健康の最大化」を成し遂げるためのプロジェクトが動いています。それは、2015年末に始まった『健康〝生き活き〟羅針盤リサーチコンプレックス』というものです。理化学研究所内にプログラムとして組織ができました。このプログラムは、科学技術振興機構の支援事業「世界に誇る地域発研究開発・実証拠点（リサーチコンプレックス）推進プログラム」の拠点です。リサーチコンプレックスとは、地方自治体と、地域に集積する大学・研究機関、産業界、金融などがそれぞれの活動を融合させ、世界の注目を集める、異分野融合による最先端の研究開発、成果の事業化、人材育成を一体的・統合的に展開するための複合型イノベーション推進基盤です。神戸の『健康〝生き活き〟羅針盤リサーチコンプレックス』は、理化学研究所が中核機関（プログラムディレクター：渡辺恭良）として、兵庫県及び神戸市、大学・研究機関（京都大学、神戸大学、兵庫県立大学等20機関）、企業等（阪急阪神ホールディングス等78社・団体）計105機関で活動しています。

おわりに

本書で述べさせていただいたように、疲労・慢性疲労と慢性疲労病態の科学・医学研究は進展し、科学的計測手段が開発され、その分子神経メカニズムにおいても解明が進んできました。筆者らは、長年研究開発してきた得意分野であるPET、fMRI、脳磁図などの脳機能・分子イメージング手法を用いて、おもに、慢性疲労状態の分子神経メカニズムの解明に貢献してきました。

これまでの研究成果から、急性疲労から慢性疲労に至る分子・神経機構の作業仮説ができ、この仮説に沿って研究を進め、適宜修正を行いながら、疲労~慢性疲労、また、慢性疲労症候群などの病態の分子神経メカニズムの全貌を明らかにしたいと考えています。また、多くの抗疲労研究や抗疲労物質・手段の開発研究も引き続き推進していきます。

疲労研究から、健康科学全体を見据え、「Precision Health」という旗を掲げながら、一方で、現在の健康診断の先進的な改革「健診革命」や「健康関数」という総合的健康度合いを表す指標を確立し、それにより、ヘルスケア産業の大きな塊を形成していきたいと願っています。

多くの共同研究者はじめ、ご支援いただいた方々、このようなまとめの機会をいただいた日刊工業新聞社、とくに書籍編集部の皆様に心より感謝致します。

【参考文献】

1. 井上正康、倉恒弘彦、渡辺恭良 著「疲労の科学 眠らない現代社会への警鐘」、講談社、2001年
2. 倉恒弘彦、渡辺恭良、井上正康 著「危ない!『慢性疲労』」、NHK出版、2004年
3. Watanabe Y., Evengard B., Natelson. B.H., Jason L.A., Kuratsune H. 編 "Fatigue Science for Human Health", Springer, 2008.
4. 大村裕、渡辺恭良 著「脳と疲労～慢性疲労とそのメカニズム～」、共立出版、ブレインサイエンスシリーズ25、2009年
5. 渡辺恭良編「最新・疲労の科学～日本発：抗疲労・抗過労への提言」別冊「医学のあゆみ」、医歯薬出版株式会社、2010年
6. 渡辺恭良、福田早苗、西澤良記、浦上浩 著「抗疲労食」、丸善出版、2011年
7. Watanabe Y., Kuratsune H., Kajimoto O. Boichemical Indices of Fatigue for Anti-fatigue Strategies and Products, "The Handbook of Operator Fatigue", CRC Press, 209-226, 2012.
8. 渡辺恭良、水野敬、浦上浩 著「おいしく食べて疲れをとる―JAPANESE FOOD『ああ疲れた』にこの1冊!」、丸善出版、2016年
9. 渡辺恭良、倉恒弘彦「筋痛性脳脊髄炎/慢性疲労症候群研究の潮流(特集 筋痛性脳脊髄炎/慢性疲労症候群の今)」、Brain and nerve, 70, 5-9, 2018年
10. 水野敬「子どもの慢性疲労」、体と心 保健総合大百科〈中高校編〉2018, 145-146, 2018年
11. 水野敬、渡辺恭良「小児慢性疲労症候群の脳機能研究(特集 日常診療で問題となる小児の機能性疾患)」、小児科(Pediatrics of Japan), 59, 255-261, 2018年
12. 水野敬、上土井貴子、川谷淳子、渡辺恭良「脳機能イメージング法からみた報酬感覚と疲労感覚のクロストーク ～小児慢性疲労症候群のfMRI研究から～」、神経内科,87, 76-83, 2017年
13. 渡辺恭良、倉恒弘彦「慢性疲労症候群の病態機序とその治療」、神経治療学, 33, 40-45, 2016年
14. Tanaka M., Tajima S., Mizuno K., Ishii A., Konishi Y., Miike T., Watanabe Y. Frontier studies on fatigue, autonomic nerve dysfunction, and sleep-rhythm disorder. J. Physiol. Sci., 65: 483-498, 2015.
15. 水野敬、渡辺恭良「急性～亜急性～慢性疲労に共通する自律神経機能の変調」、自律神経(The Autonomic nervous system), 50, 34-35, 2013年
16. 渡辺恭良「慢性疲労は脳からの危険信号!」Newton別冊「慢性疲労から最新がん治療まで体のしくみと病気」, 100-110, 2012年
17. 渡辺恭良「ビタミンと疲労」　単行本「ビタミンの科学と最新応用技術」, 22-30, 2011年
18. 渡辺恭良「脳が引きおこす心の病『慢性疲労』」、Newton別冊「脳と心　脳の最新科学、そして心との関係」, 144-149, 2010年
19. 渡辺恭良「疲労のバイオマーカー」、感染・炎症・免疫, 40, 78-79, 2010年
20. 田中雅彰、渡辺恭良「慢性疲労状態の脳機能・分子イメージング(特集 疲労の診かた)」、治療, 90, 473-479, 2008年
21. 渡辺恭良「疲労の分子脳神経メカニズム(特集 慢性疲労症候群－基礎・臨床研究の最新動向)」、日本臨床, 65, 972-974, 2007年
22. 渡辺恭良「疲労の分子・神経メカニズム(基礎医学から)」、日本医事新報, 4098, 18-23, 2002年
23. 渡辺恭良「脳とからだのはたらき(特別企画 現代の養生訓－休養・こころの健康)」、からだの科学, 223, 52-57, 2002年

●著者略歴
渡辺 恭良(わたなべ　やすよし)

1951年3月　石川県生まれ
1980年3月　京都大学大学院医学研究科博士課程修了(医学博士)
1980年4月　日本学術振興会・奨励研究員
1981年4月　京都大学医学部付属病院検査部・医員
1981年6月　京都大学放射性同位元素総合センター・助手
1984年11月　大阪医科大学医学部医化学・講師
1987年10月　財団法人大阪バイオサイエンス研究所・神経科学部門・研究部長(2001年3月まで)
1999年7月　大阪市立大学大学院医学研究科・システム神経科学・教授(2016年3月まで)
2006年4月　理化学研究所・分子イメージング研究プログラム・プログラムディレクター
2008年10月　理化学研究所・分子イメージング科学研究センター・センター長
2013年4月　理化学研究所・ライフサイエンス技術基盤研究センター・センター長(2018年3月まで)
2013年6月　大阪市立大学・健康科学イノベーションセンター・センター所長(2018年3月まで)
2016年3月　理化学研究所・健康生き活き羅針盤リサーチコンプレックス推進プログラム・副プログラムディレクター
2017年7月　理化学研究所・健康生き活き羅針盤リサーチコンプレックス推進プログラム・プログラムディレクター

現在
理化学研究所・健康生き活き羅針盤リサーチコンプレックス推進プログラム・プログラムディレクター
理化学研究所・生命機能科学研究センター・健康・病態科学研究チーム・チームリーダー
大阪市立大学・健康科学イノベーションセンター・顧問
大阪市立大学・名誉教授
一般社団法人日本疲労学会・理事長

主な著書
「疲労の科学　眠らない現代社会への警鐘」共著(講談社)
「危ない!「慢性疲労」」共著(NHK出版協会)
「Fatigue Science for Human Health」共著(Springer Japan)
「脳と疲労　慢性疲労とそのメカニズム－ (ブレインサイエンス・シリーズ 25)」共著(共立出版)
「抗疲労食－毎日の食事が疲れに効く!」共著(オフィスエル)
「おいしく食べて疲れをとる」共著(オフィスエル)

●著者略歴
水野　敬（みずの　けい）

1978年9月　熊本県生まれ
2007年3月　大阪市立大学大学院医学研究科基礎医科学専攻博士課程修了・博士（医学）
2007年4月　科学技術振興機構・研究員
2009年4月　理化学研究所分子イメージング科学研究センター・研究員
2012年4月　理化学研究所分子イメージング科学研究センター・基礎科学特別研究員
2013年4月　大阪市立大学大学院医学研究科疲労医学講座・特任講師（2017年3月まで）
2014年1月　大阪市立大学健康科学イノベーションセンター・兼任研究員（2018年3月まで）
2015年4月　理化学研究所ライフサイエンス技術基盤研究センター・上級研究員（2018年3月まで）
2016年5月　理化学研究所健康生き活き羅針盤リサーチコンプレックス推進プログラム健康計測解析チーム・副チームリーダー（2016年12月まで）
2017年1月　理化学研究所健康生き活き羅針盤リサーチコンプレックス推進プログラム健康計測解析チーム・チームリーダー
2017年4月　大阪市立大学大学院医学研究科疲労医学講座・特任准教授
2017年7月　理化学研究所健康生き活き羅針盤リサーチコンプレックス推進プログラム新規計測開発チーム・チームリーダー

現在
理化学研究所健康生き活き羅針盤リサーチコンプレックス推進プログラム健康計測解析チーム／新規計測開発チーム・チームリーダー
理化学研究所生命機能科学研究センター健康・病態科学研究チーム・上級研究員
大阪市立大学大学院医学研究科疲労医学講座・特任准教授
大阪市立大学健康科学イノベーションセンター・センター副所長

主な著書
「Fatigue Science for Human Health」共著（Springer Japan）
「おいしく食べて疲れをとる」共著（オフィスエル）

NDC 498

おもしろサイエンス疲労と回復の科学

2018年6月27日　初版1刷発行　　定価はカバーに表示してあります。

著者　渡辺恭良
水野　敬
発行者　井水治博
発行所　日刊工業新聞社　〒103-8548 東京都中央区日本橋小網町14番1号
書籍編集部　電話 03-5644-7490
販売・管理部　電話 03-5644-7410　FAX 03-5644-7400
URL　http://pub.nikkan.co.jp/
e-mail　info@media.nikkan.co.jp
振替口座　00190-2-186076

本文デザイン・DTP　志岐デザイン事務所（奥田陽子）
印刷・製本　新日本印刷㈱

2018 Printed in Japan　落丁・乱丁本はお取り替えいたします。
ISBN　978-4-526-07794-4